이야기로 배우는

진 짜 진 짜

급수 한자

8급

저자 **김향림**

중앙대학교 중어학과 졸업
한국외국어대학교 교육대학원 중국어교육학과 졸업

- 리라초등학교 중국어 교과전담
- 리라초등학교 방과후 한자 전담
- 청강문화산업대학교 중국어 강의
- 광양중학교, 광양고등학교, 수도여자고등학교,
  대일디자인관광고등학교, 해성여자고등학교, 가천대학교 중국어 강의

저서
- 이야기로 배우는 진짜 진짜 급수 한자 8급
- 이야기로 배우는 진짜 진짜 급수 한자 7급 ①, ②
- 이야기로 배우는 진짜 진짜 급수 한자 6급 ①, ②

이야기로 배우는
진짜진짜
급수 한자 8급

초판발행	2021년 5월 20일
1판 4쇄	2024년 7월 10일

글쓴이	김향림
편집	최미진, 연윤영, 엄수연, 高霞
펴낸이	엄태상
디자인	진지화
콘텐츠 제작	김선웅, 장형진
마케팅본부	이승욱, 왕성석, 노원준, 조성민, 이선민
경영기획	조성근, 최성훈, 김다미, 최수진, 오희연
물류	정종진, 윤덕현, 신승진, 구윤주

펴낸곳	시소스터디
주소	서울시 종로구 자하문로 300 시사빌딩
주문 및 문의	1588-1582
팩스	0502-989-9592
홈페이지	www.sisostudy.com
네이버카페	cafe.naver.com/sisasiso
네이버블로그	blog.naver.com/sisosisa
인스타그램	instagram.com/siso_study
이메일	sisostudy@sisadream.com
등록일자	2019년 12월 21일
등록번호	제2019 - 000148호

ISBN 979-11-91244-20-5 64710
　　　979-11-91244-19-9 (세트)

머리말

"피카츄! 다음 한자시간에 선생님이 꼬~옥 나를 시켜주셨으면 좋겠어~ 꼬~옥 들어줘야해!"

한자 시간에 한자를 다 배우고 난 다음 학생들이 나와서 배운 한자를 쓰는 시간인데, 시간은 정해져 있고 학생들이 서로 써보겠다고 해서 결국 몇 학생만 나와서 써보고 자기 자리로 들어갑니다. 한자를 써보지 못하고 앉아있던 학생이 속이 상했는지 일기장에 써 놓은 내용입니다.

"선생님~ 팔방미인은 날 수도 있어요?"

여덟 팔(八)를 배우고 이 글자가 들어가는 낱말에는 팔방미인이 있다고 설명합니다. 그 때 바로 질문이 들어옵니다. "팔방미인은 못하는 게 없이 이것저것 다 잘하는 사람을 보고 팔방미인이라고 하는 거예요." 말이 끝나기가 무섭게 빛의 속도로 들어오는 질문 하나! "어~~그러면 팔방미인은 날 수 있어요?"하고 물어봅니다.

"선생님은 한자 나라에서 왔어요? 한자나라에는 얼마나 많은 한자들이 있어요?"

수업시간에 배운 한자를 열심히 쓰고 있던 한 친구가 옆을 지나가던 저에게 조용히 물어봅니다.

"선생님~ 이 한자 처음 봤을 때는 어려웠는데, 책의 그림과 선생님 설명 들으니 정말 쉬워요!"

한자 수업시간은 이렇게 재미있는 사건들과 다양한 생각들이 오가는 즐거운 시간입니다.
수업시간에 학생들의 귀여운 표정 하나하나를 살펴보고 있으면 그 귀여운 표정을 따라서 저도 학생들의 생각 속으로 따라 들어갑니다.

한자는 어렵다는 생각 때문에 한자 배우기를 두려워하는 학생들이 많습니다. 그렇지만 한자를 배우면서 재미있어 하고, 한자가 만들어진 유래들 듣고 생각해 보면서 상상력이 더 풍부해지기도 하는 시간이 한자시간입니다. 한자를 배우고 난 후 그 한자들로 만들어진 한자어휘를 공부하면서 배우는 기쁨이 더해지고 신기해 합니다.

초등학교 저학년 때는 문제 없지만, 3학년에 올라가면서 과목도 많아지고 교과서에도 모르는 말들이 수두룩하게 나와 힘들어 하는 친구들이 많습니다. 그 모르는 말들은 한자로 이루어진 한자어가 대부분입니다. 한자를 아는 친구들은 낯선 한자어들이 나와도 배운 한자에 살을 붙여 가고 한자어를 공부하던 습관이 생겨서 가벼운 마음으로 즐겁게 공부할 수 있습니다.

우리학교에는 꼭 스승의 날이 아니더라도 모교를 찾아오는 졸업생들이 많습니다. 졸업생들이 한자를 배워서 도움이 되었다고 이구동성으로 이야기합니다. 한자를 배워놓으니 중, 고등 학교 때는 물론이고, 수능을 볼 때 언어영역에서 많은 도움이 되었다는 말을 많이 합니다. 학생들의 이런 말을 들을 때면 그 어느 때 보다 보람도 느껴지면서 "더 열심히 해야겠다"라는 생각이 듭니다.

"시무룩한 얼굴로 들어가 즐거운 마음으로 나오는 수업 시간은?"
어린이들이 좋아하는 수수께끼로 만들어 보았는데요~ 모든 학생의 답이 "한자 시간"이라는 말이 나올 수 있게 즐거운 수업, 재미있는 교재를 만들기 위해 노력하겠습니다. 감사합니다.

김향림

8급	읽기한자 50자, 쓰기한자 없음 유치원생이나 초등학생에게 한자 학습의 동기 부여를 위한 급수 단계
7급 II	읽기한자 100자, 쓰기한자 없음 8급을 합격하거나 8급한자를 학습한 후, 7급을 준비하는 초급 단계
7급	읽기한자 150자, 쓰기한자 없음 한자 공부를 처음 시작하는 초급 단계
6급 II	읽기한자 225자, 쓰기한자 50자 한자 쓰기를 시작하는 첫 급수 단계
6급	읽기한자 300자, 쓰기한자 150자 기초 한자 쓰기를 시작하는 급수 단계
5급 II	읽기한자 400자, 쓰기한자 225자 6급과 5급의 격차를 해소하기 위한 급수 단계
5급	읽기한자 500자, 쓰기한자 300자 일상생활 속의 한자를 사용하여 쓰기 시작하는 급수 단계
4급 II	읽기한자 750자, 쓰기한자 400자 5급과 4급의 격차를 해소하기 위한 급수 단계
4급	읽기한자 1000자, 쓰기한자 500자 초급에서 중급으로 올라가는 급수 단계

한국어문회–한자능력검정시험이란?

사단법인 한국어문회에서 주관하고, 한국한자능력검정회가 시행하는 한자활용능력시험을 말합니다. 1992년 12월 9일 1회 시험을 시작으로 2001년 1월1일 이후, 국가 공인 자격시험(3급II~1급)으로 치러지고 있습니다.

한자능력검정시험은 어떻게 응시하나요?

* **주관:** 사단법인 한국어문회(02-1566-1400)
* **시행:** 한국한자능력검정회
* **(방문)접수처:** 서울 서울특별시 서초구 서초1동 1627-1 교대벤처타워 401호 한국한자능력검정회
  기타 지역 한자능력검정시험 지역별 접수처 및 응시처 참조
* **(방문)접수 시 준비물:** 반명함판사진 3매(3X4cm · 무배경 · 탈모), 응시료, 한자 이름, 주민등록번호, 급수증 수령 주소
* **(인터넷)접수 사이트:** http://www.hanja.re.kr
* **(인터넷) 접수 시 준비물:** 반명함 사진 이미지, 검정료 결제를 위한 신용 카드, 계좌 이체의 결제 수단, 한자 이름,
  주민등록번호, 급수증 수령 주소

한자능력검정시험에는 어떤 문제가 나오나요?

구분	8급	7II급	7급	6II급	6급	5II급	5급	4II급	4급
읽기배정한자	50	100	150	225	300	400	500	750	1,000
쓰기배정한자	0	0	0	50	150	225	300	400	500
독음	24	22	32	32	33	35	35	35	35
훈음	24	30	30	26	22	23	23	22	22
장단음	0	0	0	0	0	0	0	0	3
반의어	0	2	2	2	3	3	3	5	5
완성형	0	2	2	2	3	4	4	3	3
부수	0	0	0	0	0	0	0	3	3
동의어(유의어)	0	0	0	0	2	3	3	3	3
동음이의어	0	0	0	0	2	3	3	3	3
뜻풀이	0	2	2	2	2	3	3	3	3
약자	0	0	0	0	0	3	3	3	3
필순	2	2	2	3	3	3	3	0	0
한자쓰기	2	2	2	3	3	3	3	0	0

✽ 출제기준표는 기본지침자료로서, 출제자의 위도에 따라 차이가 있을 수 있습니다.
✽ 상위 급수 한자는 하위 급수 한자를 모두 포함하고 있습니다.
✽ 쓰기 배정 한자는 한두 급수 아래의 읽기 배정 한자이거나 그 범위 내에 있습니다.

한자능력검정시험의 합격 기준을 알고 싶어요!

급수별 합격기준	교육급수								
	8급	7II급	7급	6II급	6급	5II급	5급	4II급	4급
출제 문항 수	50	60	70	80	90	100			
합격 문항 수	35	42	49	56	63	70			
시험 시간	50분								

한자능력검정시험에 합격하면 좋은 점!

✽ 3급II~1급은 국가 공인자격증으로 이 급수를 취득하면 초, 중, 고등학교 생활기록부의 자격증란에 기재되고, 4급~8급을 취득하면 세부능력 및 특기사항란에 기재됩니다.
✽ 대학 입학 수시 모집 및 특기자 전형에 지원이 가능합니다.
✽ 대학 입시 면접에서 가산점 부여 및 졸업 인증, 학점 반영 등 혜택이 주어집니다.
✽ 2005년 수능부터 제2외국어 영역에 한문 영역이 추가되었습니다.

8급	선정한자 30자, 교과서 한자어 20자
7급	선정한자 50자, 교과서 한자어 70자
6급	선정한자 70자, 교과서 한자어 100자
준5급	선정한자 150자, 교과서 한자어 100자
5급	선정한자 300자, 교과서 한자어 150자
준4급	선정한자 500자, 교과서 한자어 200자
4급	선정한자 700자, 교과서 한자어 200자
3급	선정한자 1,000자, 교과서 한자어 350자

한자교육진흥회-한자자격시험이란?

사단법인 한자교육진흥회에서 주관하고, 한국한자실력평가원이 시행하는 한자활용능력시험을 말합니다.
기초 한자와 교과서 한자어 평가로 초, 중, 고등학생들에게 학업에 도움을 주며, 교과서에 자주 등장하는 한자어를 분석하여
한자 공부를 할 수 있도록 하고 있습니다.

한자자격시험은 어떻게 응시하나요?

* **주관:** 사단법인 한자교육진흥회 (02-3406-9111)
* **시행:** 한국한자실력평가원
* **(방문) 접수처:** 서울 서울특별시 중구 저동2가 78번지 을지비즈센터 401호
  기타 지역 한자자격시험 지역별 접수처 및 응시처 참조
* **(방문) 접수 시 준비물:** 반명함판사진 1매(3X4cm • 무배경 • 탈모), 응시료, 한자 이름, 주민등록번호, 급수증 수령 주소
* **(인터넷)접수 사이트:** http://web.hanja114.org/
* **(인터넷) 접수 시 준비물:** 반명함 사진 이미지, 검정료 결제를 위한 신용 카드, 계좌 이체의 결제 수단, 한자 이름,
  주민등록번호, 급수증 수령 주소

한자자격시험에는 어떤 문제가 나오나요?

구분		8급	7급	6급	준5급	5급	준4급	4급	준3급
급수별 선정 한자	훈음	25	25	20	15	15	5	15	15
	독음	25	25	20	15	15	15	15	15
	쓰기	0	0	10	20	20	20	20	20
	기타	15	15	15	15	15	15	15	15
교과서 실용 한자어	독음	15	15	15	15	15	15	15	15
	용어뜻	10	10	10	10	10	10	10	10
	쓰기	0	0	0	0	0	0	0	0
	기타	10	10	10	10	10	10	10	10

한자자격시험의 합격 기준을 알고 싶어요!

급수별 합격기준	교육급수							
	8급	7급	6급	준5급	5급	준4급	4급	준3급
출제 문항 수	50	50	80	100	100	100	100	100
합격 득점(%)	70%이상							
시험 시간(분)	60분							

구성과 특징

한자 훈 · 음 익히기!
한자의 뜻과 음을 먼저 보고 배울 한자를 미리 생각해봐요

그림으로 익히기!!
한자의 뜻과 음을 익힌 후, 그림을 보며 연상하여 한자까지 익혀봐요!

어문회, 진흥회를 함께!
어문회 8급 배정 한자와 진흥회 8급 배정 한자를 한 번에 모두 익힐 수 있어요.
* 어문회 배정 한자는 어, 진흥회 배정 한자는 진 으로 표시했어요.

한자의 자원 풀이~
한자가 만들어지는 과정과 풀이를 통해 한자를 쉽게 기억할 수 있어요.

어미 모

뜻은 어머니이고, 모라고 읽어요.

아이에게 젖을 먹이는 어머니의 모습으로 '어머니'라는 뜻을 나타냅니다.

어 진

母

▶ 훈어미 음모
(부수 毋, 총 5획)

어미 모　　어미 모　　어미 모

한자 쓰기!
필향과필순을 정확하게 익혀서 쓸 수 있어요.

생활 속 한자
■ 지연이는 이모(母)와 옷을 사려고 옷 가게에 들렀습니다.
■ 우리는 한글의 자음과 모(母)음을 배우고 있습니다.

02 토끼왕국 여행 - 가족 **35**

부수와 총획 제시!
한자의 부수와 총획도 알 수 있어요.

생활 속 한자!
실생활 속에서 어떻게 사용되는지 예문을 통해 한자 활용 학습이 가능하도록 하였어요!
흐리게 된 글씨는 따라 써 보며 다시 한번 익힐 수 있어요.

이야기 속 한자!

승빈이와 토팡이의 재미있는 이야기를 읽으며 이야기 속에 어떤 신출 한자들이 있는지 그림에서 찾아 보아요~

한자 예고편

과에서 배울 한자들을 미리 정리해서 한 눈에 보며 익힐 수 있어요.

리듬 속 한자!

앞에서 학습한 한자들을 리듬에 맞춰 정리 복습하면 기억에 쏘~~옥!! 절대 잊어버리지 않아요!

* 챈트 음원 및 동영상은 페이지 상단의 QR코드를 스캔하거나 시소스터디 홈페이지(www.sisostudy.com)에서 이용하실 수 있습니다.

게임 속 한자!

여러 가지 활동들을 통해 배운 한자들을 확인해 보아요~

문제 속 한자!

다양한 문제 유형들로 배운 한자들을 점검해 보아요~

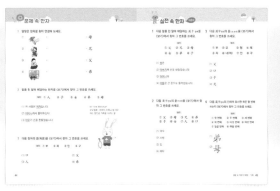

실전 속 한자!

배운 한자들을 실제 시험 문제 유형으로 풀어보며 실전 대비까지 척척!!
어문회, 진흥회 두 가지 시험을 모두 대비할 수 있어요.

알고 보면 한자어!

진흥회 8급 배정 한자어를 알기 쉽게 설명해 줘요.

한자 수수께끼!

재미있는 수수께끼로 한자와 쉽게 친해질 수 있는 코너!!

구성과 특징

또박또박 한자 쓰기!

한자는 많이 써 볼수록 외우기
쉬운 법!! 어문회, 진흥회 배정
한자와 진흥회 배정 한자어까지
충분히 써 볼 수 있어요!

브로마이드!

어문회 8급 배정 한자 50자를 앞면은
ㄱㄴㄷ순으로, 뒷면은 교재 학습 순서
대로 나열했어요.

한자 카드!

언제 어디서나 활용할 수 있는 한자 카드!
여러 가지 연습이나 게임에 활용할 수 있어요.

모의 시험

실제 시험 출제 유형과 동일한 형태의
모의 시험 3회(어문회 2회, 진흥회 1회)
로 실전 감각을 제대로 익힐 수 있어요.

목차

한자 공부는 왜 할까요?

우리나라의 어휘는 70% 이상이 한자어로 이루어졌다고 말할 수 있을 만큼 한글과 한자는 뗄 수 없는 상관관계를 가지고 있어요! 한자는 우리 민족을 비롯한 동아시아 문화권에 속하고 있는 여러 민족이 만든 문자입니다. 특히 제2외국어로 중국어, 일본어를 배우고 싶은 어린이들은 한자를 익히면 두 언어를 다른 사람들 보다 빨리 익힐 수 있는 장점이 있습니다. 일상생활에 꼭 필요하고 도움이 되는 한자, 배우지 않을 수 없겠죠?

한자의 구성

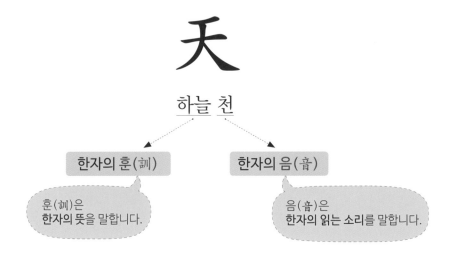

天

하늘 천

한자의 훈(訓)

한자의 음(音)

훈(訓)은
한자의 뜻을 말합니다.

음(音)은
한자의 읽는 소리를 말합니다.

한자의 두음법칙(頭音法則)

한자 음에서 단어의 첫소리에 'ㄴ'이나 'ㄹ'이 올 때, 그 음이 'ㅇ'이나 'ㄴ'으로 바뀌는 현상을 말합니다.

예 女 계집 녀: 子女(자녀), 女子(여자)

　　六 여섯 륙: 五六(오륙), 六月(유월)

⊶ 한자의 획순(필순)

글자를 쓰는 순서로 한자를 바르고 예쁘게 쓰도록 도와줍니다.

1. 위에서 아래로 씁니다.

위에서 아래로~

2. 왼쪽에서 오른쪽으로 씁니다.

왼쪽에서 오른쪽

3. 가로획과 세로획이 교차될 때에는 가로획을 먼저 씁니다.

가로획을 먼저~

4. 왼쪽과 오른쪽의 모양이 같거나 비슷할 때에는 가운데 획을 먼저 씁니다.

가운데를 먼저~

5. 삐침을 먼저 쓰고 파임을 나중에 씁니다.

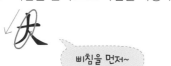

삐침을 먼저~

TIP

왼쪽 아래로 향하는 것이 삐침, 오른쪽 아래로 향하는 것이 파임.

6. 좌우로 가로지르는 가로획은 맨 나중에 씁니다.

가로 선은 마지막에~

7. 상하로 꿰뚫는 세로획은 맨 나중에 씁니다.

세로 선은 마지막에~

8. 둘러싼 것은 가장자리부터 씁니다.

가장자리부터~

9. 안을 둘러싼 글자의 경우, 글자의 밑은 가장 나중에 씁니다.

밑선은 마지막에~

10. 오른쪽 위에 있는 점이나 안의 점은 나중에 찍습니다.

점은 마지막에 꼭!

승빈이는 학교 뒤뜰에 갔다가 토끼가 있는 것을 보고 귀여워서 '토팡이'라는 이름을 지어 주었어요.

다음 날, 승빈이는 토팡이 집 옆에 있는 구름모양의 붕붕우산을 발견했어요.

우산 모양이 신기해서 우산을 펴서 빙빙 돌리니 불이 들어왔어요.

"펑"소리와 함께 토팡이와 과자나라에 도착했어요. 과자나라는 집, 수영장, 학교 모두가 과자로 만들어져 있었어요. 승빈이는 좋아하는 과자와 초콜릿을 세어보기 시작했어요.

"일(一), 이(二), 삼(三), 사(四), 오(五), 육(六), 칠(七), 팔(八), 구(九), 십(十).... 와! 여기서 영원히 살고 싶다! 내가 좋아하는 과자가 만(萬) 개도 넘겠어!!"

"승빈아! 너 엄마, 아빠, 동생도 못 보는데 그래도 괜찮겠어?"

토팡이가 걱정스런 얼굴로 쳐다보며 말했어요.

"맞아! 과자도 좋지만 엄마, 아빠, 동생을 못 보는 것은 싫어!

과자는 엄마한테 사달라고 해야겠다."

그때 우산에 불빛이 깜빡 깜빡 들어왔어요.

"승빈아! 우리 돌아가야 할 시간이야. 어서 우산에 타!"

승빈이는 피곤했는지 돌아와 꿈나라로 갔어요.

 그림 속에 숨어있는 한자들을 찾아보세요.

一 한 (일)	二 두 (이)	三 석 (삼)	四 넉 (사)
五 다섯 (오)	六 여섯 (륙/육)	七 일곱 (칠)	八 여덟 (팔)
九 아홉 (구)	十 열 (십)	萬 일만 (만)	

한 일

뜻은 하나이고, 일이라고 읽어요.

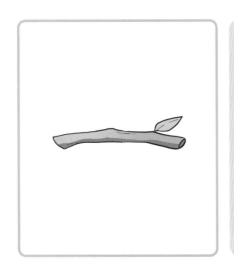

나뭇가지 한 개가 놓여 있는 모양으로 '하나'라는 뜻을 나타냅니다.

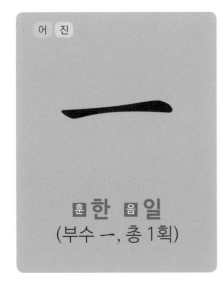

어 진

훈 한 음 일
(부수 一, 총 1획)

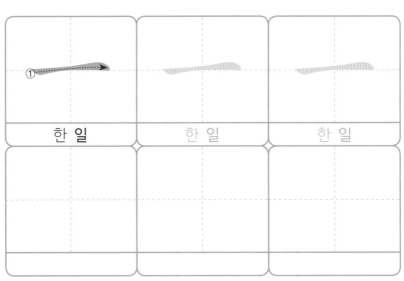

한 일

한 일

한 일

→ 흐린 색의 글씨를 따라 써보세요.

생활 속 한자

- 나는 초등학교 일(一)학년입니다.
- 내 동생은 일(一)년 동안 피아노를 배웠습니다.

두 이

뜻은 둘이고, 이라고 읽어요.

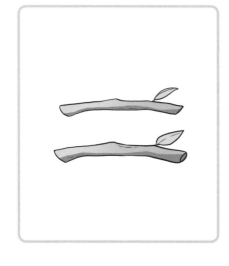

나뭇가지 두 개가 놓여 있는 모양으로 '둘'이라는 뜻을 나타냅니다.

어 진

二

훈 **두** 음 **이**
(부수 二, 총 2획)

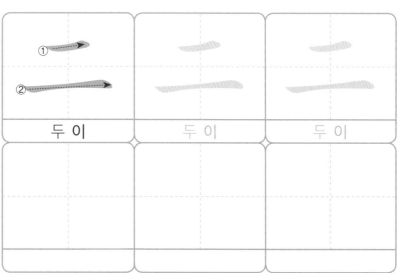

두 이	두 이	두 이

생활 속 한자

- 이(二)학년이 되자 일학년 동생들이 언니, 오빠라고 부릅니다.
- 우리 집에서 학교까지 이(二)십 분이 걸립니다.

석 삼

뜻은 셋이고, 삼이라고 읽어요.

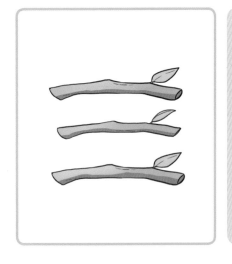

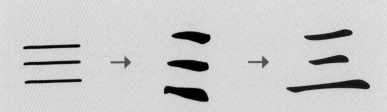

나뭇가지 세 개가 놓여 있는 모양으로 '셋'이라는 뜻을 나타냅니다.

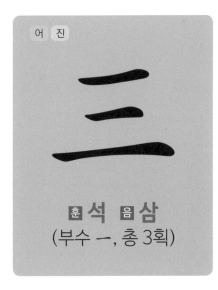

어 진

훈 **석** 음 **삼**
(부수 ㅡ, 총 3획)

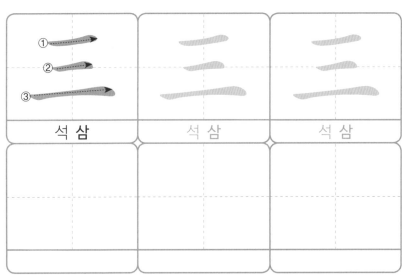

석 삼	석 삼	석 삼

→ 흐린 색의 글씨를 따라 써보세요.

생활 속 한자

- 심청은 공양미 삼(三)백석을 받고 물속으로 뛰어들었습니다.
- 삼(三)삼(三)칠 박수를 치면서 응원을 합니다.

넉 사

뜻은 넷이고, 사라고 읽어요.

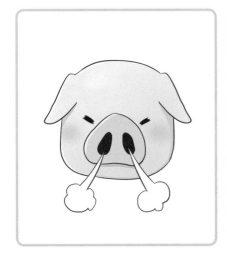

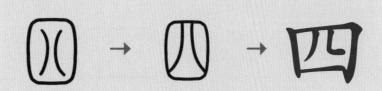

돼지 코에서 바람이 나오는 모양으로 '넷'이라는 뜻을 나타냅니다.

어 진

四

훈 넉 음 사
(부수 口, 총 5획)

넉 사	넉 사	넉 사

생활 속 한자

- 우리 집은 사(四)층입니다.
- 주말에 나는 사(四)촌 형들과 함께 자전거를 타러 갔습니다.

다섯 오

뜻은 **다섯**이고, **오**라고 읽어요.

$$X \rightarrow X \rightarrow 五$$

하늘과 땅에 존재하는 다섯 가지 원소가 교차하는 모양으로 '다섯'이라는 뜻을 나타냅니다.

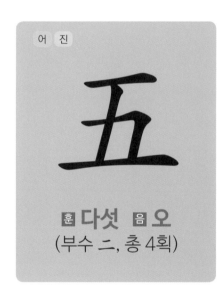

어 진

五

훈 **다섯** 음 **오**
(부수 二, 총 4획)

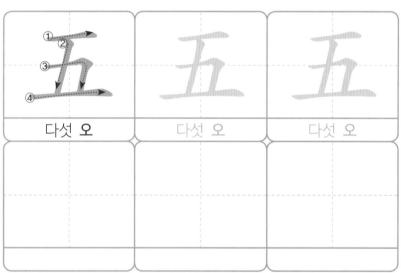

五	五	五
다섯 오	다섯 오	다섯 오

→ 흐린 색의 글씨를 따라 써보세요.

생활 속 한자

- 오(五)월 오(五)일은 나와 내 동생이 제일 좋아하는 날입니다.
- 세뱃돈으로 오(五)천원을 받았습니다.

여섯 륙(육)

뜻은 **여섯**이고, **륙(육)**이라고 읽어요.

두 기둥 위에 지붕이 있는 집의 모양으로 '여섯'이라는 뜻을 나타냅니다.

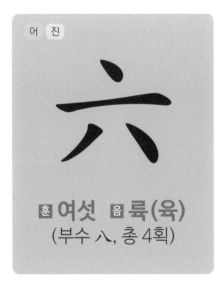

훈 **여섯** 음 **륙(육)**
(부수 八, 총 4획)

여섯 륙(육)	여섯 륙(육)	여섯 륙(육)

생활 속 한자

- 저는 오월 육(六)일에 태어났습니다.
- 할머니께서는 올해 육(六)순을 맞으셨습니다.

일곱 **칠**

💬 뜻은 **일곱**이고, **칠**이라고 읽어요.

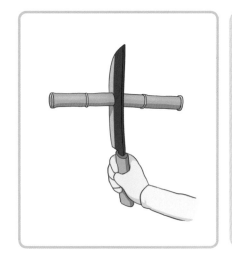

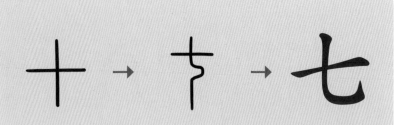

칼로 물건을 자르는 모양으로 '일곱'이라는 뜻을 나타냅니다.

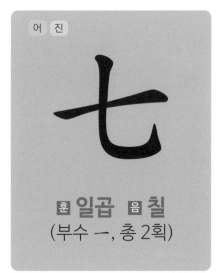

어 진

훈 일곱 음 칠
(부수 一, 총 2획)

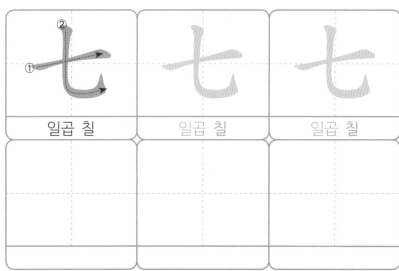

| 일곱 칠 | 일곱 칠 | 일곱 칠 |

➜ 흐린 색의 글씨를 따라 써보세요.

생활 속 한자

- 칠(七)월 칠(七)석은 견우와 직녀가 만나는 날입니다.
- 일주일은 칠(七)일입니다.

여덟 팔

뜻은 **여덟**이고, **팔**이라고 읽어요.

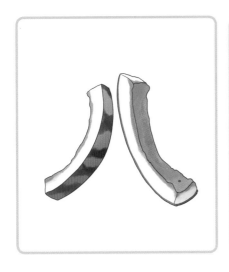

물건을 둘로 자른 모양으로 '여덟'이라는 뜻을 나타냅니다.

어 진

훈여덟 음팔
(부수 八, 총 2획)

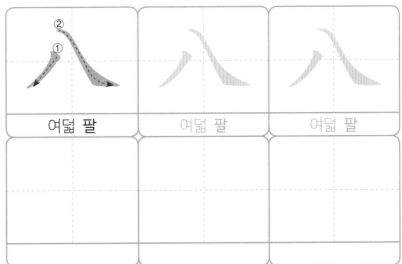

여덟 팔   여덟 팔   여덟 팔

생활 속 한자

■ 즐거운 명절 추석은 팔(八)월에도 달이 밝은 밤입니다.

■ 우리 형은 못하는 게 없는 팔(八)방미인입니다.

아홉 구

뜻은 아홉이고, 구라고 읽어요.

주먹 쥔 구부린 팔꿈치의 모양으로 '아홉'이라는 뜻을 나타냅니다.

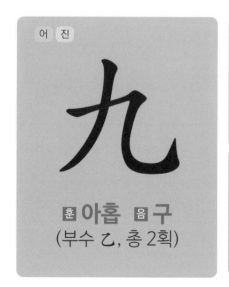

어 진

九

훈 아홉 음 구
(부수 乙, 총 2획)

九 아홉 구	九 아홉 구	九 아홉 구

→ 흐린 색의 글씨를 따라 써보세요.

생활 속 한자

- 우리 형은 구(九)구(九)단을 잘 외웁니다.
- 동물원으로 소풍을 가서 구(九)관조를 보았습니다.

열 십

뜻은 **열**이고, **십**이라고 읽어요.

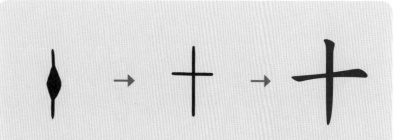

나무에 새끼줄이 묶여 있는 모양으로 '열'이라는 뜻을 나타냅니다.

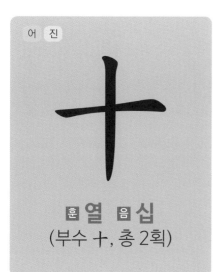

어 진

훈 **열** 음 **십**
(부수 十, 총 2획)

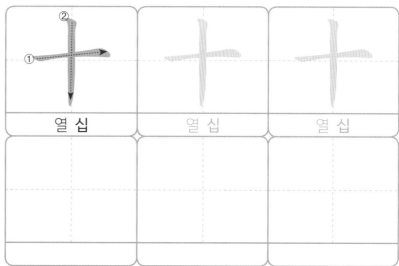

열 십	열 십	열 십

생활 속 한자

- 십(十) 분 후에 우리는 맛있는 점심을 먹을 수 있습니다.
- 내 짝꿍과 나는 십(十) 년 후에 다시 만나자고 약속을 했습니다.

일만 만

뜻은 **일만**이고, **만**이라고 읽어요.

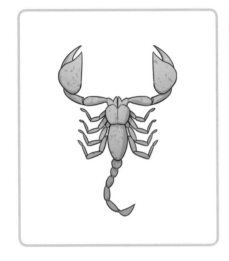

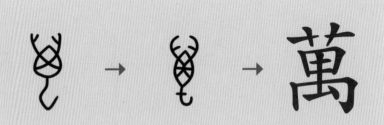

다리가 아주 많은 전갈의 모양으로 '만'이라는 뜻을
나타냅니다.

萬

훈 **일만** 음 **만**
(부수 艹, 총 13획)

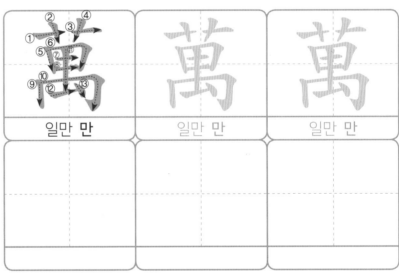

| 일만 만 | 일만 만 | 일만 만 |

➔ 흐린 색의 글씨를 따라 써보세요.

생활 속 한자

- 설날에 큰 아버지께서 새뱃돈으로 만(萬)원을 주셨습니다.
- 우리 할머니는 지난주에 중국에 있는 만(萬)리장성에 다녀오셨습니다.

리듬 속 한자

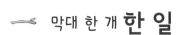
챈트 음원과 동영상이
들어있어요.

빈칸에 알맞은
한자를 써보세요.

一 막대 한 개 **한 일**

二 막대 두 개 **두 이**

三 막대 세 개 **석 삼**

돼지코 콧바람 **넉 사**

하늘 땅 사이 원소 **다섯 오**

지붕 아래 두 기둥 **여섯 륙(육)**

칼로 물건 자르는 모습 **일곱 칠**

八 둘로 자른 물건 **여덟 팔**

주먹 쥔 구부린 팔 **아홉 구**

줄로 묶은 나무 **열 십**

다리 많은 전갈 **일만 만**

벌집 탈출!

1 각자 출발할 벌꿀을 하나씩 고른다.

2 매번 가위 바위 보를 하여, 이긴 학생은 한 칸씩 이동한 다음, 해당 한자의 훈·음을 말한다.

3 바르게 말하지 못하면 이전 칸으로 돌아간다.

4 벌집의 중앙인 '萬'을 통과하여 벌집에서 나오면 이긴다.

* 단 '중앙(萬)'을 제외하고는 상대방이 지나간 자리는 지나갈 수 없다.

1 토팡이가 먹고 싶은 과일의 개수를 바르게 연결해 보세요.

① · · 五

② · · 四

③ · · 九

④ · · 七

⑤ · · 六

2 토팡이가 주문한 음식이 몇 개인지 네모 칸 안에 한자로 써 보세요.

①

②

③

④

⑤

토팡이 저것 혼자 다 먹으면
살찔텐데… 그리고 배탈도
날 텐데 말이야…
나랑 나눠 먹지~~

3 아래의 훈과 음에 맞는 한자를 빈칸에 써 보세요.

① 넉 사 [ ]

② 아홉 구 [ ]

③ 열 십 [ ]

④ 일만 만 [ ]

1 다음 글의 (   ) 안에 있는 漢字한자의 讀音(독음:읽는 소리)을 쓰세요.

> 보기 (音) → 음

(1) (三)월부터 우리는 [　]

(2) (二)학년이 됩니다. [　]

(3) (一)반에 새로운 친구가 전학을 왔습니다. [　]

(4) 우리 집은 (七)층입니다. [　]

2 다음 단어나 음(음:소리)에 알맞은 漢字한자를 〈보기〉에서 찾아 그 번호를 쓰세요.

> 보기
> ① 七　② 九　③ 萬　④ 八
> ⑤ 六　⑥ 五　⑦ 十　⑧ 四

(1) 일만 [　]

(2) 십 [　]

(3) 여섯 [　]

(4) 사 [　]

3 다음 漢字한자의 훈(訓:뜻)을 〈보기〉에서 찾아 그 번호를 쓰세요.

> 보기
> ① 三　② 二　③ 五　④ 四
> ⑤ 六　⑥ 八　⑦ 七　⑧ 九

(1) 일곱 [　]

(2) 아홉 [　]

(3) 다섯 [　]

(4) 여덟 [　]

4 다음 漢字한자의 진하게 표시한 획은 몇 번째 쓰는지 〈보기〉에서 찾아 그 번호를 쓰세요.

> 보기
> ① 첫 번째　② 두 번째　③ 세 번째
> ④ 네 번째　⑤ 다섯 번째　⑥ 여섯 번째
> ⑦일곱 번째　⑧ 여덟 번째　⑨ 아홉 번째
> ⑩ 열 번째　⑪열 한번째　⑫ 열 두번째

(1)  萬 [　]

(2) 四 [　]

실전 속 한자 진흥회

1 다음 ≪ ≫안의 뜻에 맞는 한자를 골라 번호를 쓰시오.

(1) ≪넷≫ ☐
　　① 四　② 八　③ 三　④ 十

(2) ≪여섯≫ ☐
　　① 五　② 六　③ 七　④ 四

(3) ≪일곱≫ ☐
　　① 八　② 萬　③ 七　④ 九

(4) ≪아홉≫ ☐
　　① 十　② 六　③ 九　④ 七

2 다음 문장 중에 쓰인 한자를 바르게 읽은 것을 골라 번호를 쓰시오.

(1) 우리는 아파트의 六층에 삽니다. ☐
　　① 육　② 칠　③ 삼　④ 팔

(2) 밤하늘의 북두七성은 국자모양입니다. ☐
　　① 칠　② 십　③ 구　④ 팔

(3) 소나무는 四계절 내내 푸릅니다. ☐
　　① 구　② 오　③ 사　④ 만

(4) 누나는 '八방미인'입니다. ☐
　　① 사　② 칠　③ 육　④ 팔

3 아래 한자의 훈(뜻)과 음(소리)을 〈보기〉와 같이 쓰시오.

보기　一 (한 일)

(1) 三 ☐

(2) 四 ☐

(3) 七 ☐

(4) 八 ☐

4 다음 한자어의 독음(소리)을 〈보기〉와 같이 쓰시오.

보기　一日 (일일)

(1) 十三 ☐

(2) 二萬 ☐

(3) 六十 ☐

(4) 八萬 ☐

승빈이는 토팡이가 어떻게 지내고 있는지 보러 학교 뒤뜰로 갔어요.

토팡이가 귀여운 눈으로 승빈이를 바라봤어요.

지난번에 타고 갔던 우산도 토팡이 집 옆에 그대로 있었어요.

승빈이는 오늘도 붕붕우산을 펼쳐 보았어요.

'이 우산을 친구들에게 자랑하면 인(人)기가 엄청 날텐데…'라고 생각하며 우산을 돌렸어요.

붕붕우산에 곧 불이 들어오고 토팡이와 승빈이는 '펑'소리와 함께 토끼 왕국에 도착했어요.

토팡이는 승빈이를 집으로 데려가서 토팡이의 부(父)모(母)님, 형(兄)제(弟) 네 식구(口)를 소개시켜 줬어요.

또 토팡이의 옆집에는 토팡이의 선생님이 살고 있었어요.

토팡이는 승빈이를 데리고 선생님 댁으로 가서 인사를 했어요.

선생님은 토팡이와 승빈이를 반갑게 맞아주시고 선생님의 자(子)녀(女)들도 소개해 주셨어요.

승빈이는 토팡이와 함께 토끼 왕국의 이곳저곳을 둘러보다 보니 어느새 저녁이 되었어요.

우산에 불이 깜빡깜빡 들어와서 토팡이는 승빈이를 데리고 급히 우산에 올라타고 집으로 돌아왔어요.

 한자 예고편 ⟡ 그림 속에 숨어있는 한자들을 찾아보세요.

父 아비 (부)	母 어미 (모)	子 아들 (자)	女 여자 (녀/여)
兄 형 (형)	弟 아우 (제)	人 사람 (인)	口 입 (구)

아비 부

뜻은 아버지이고, 부라고 읽어요.

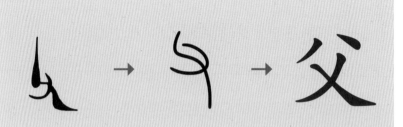

손도끼를 들고 있는 아버지의 모습으로 '아버지'라는 뜻을 나타냅니다.

어 진

父

훈 아비 음 부
(부수 父, 총 4획)

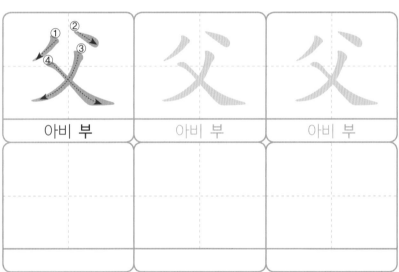

아비 부   아비 부   아비 부

→ 흐린 색의 글씨를 따라 써보세요.

생활 속 한자

- 아침밥을 든든히 먹고 부(父)모님께 인사를 드리고 집을 나섰습니다.
- 부(父)친은 아버지를 정중히 이르는 말입니다.

어미 모

뜻은 어머니이고, 모라고 읽어요.

아이에게 젖을 먹이는 어머니의 모습으로 '어머니'라는 뜻을 나타냅니다.

훈 **어미** 음 **모**
(부수 母, 총 5획)

어미 **모**   어미 **모**   어미 **모**

생활 속 한자

- 지연이는 이모(母)와 옷을 사려고 옷 가게에 들렀습니다.
- 우리는 한글의 자음과 모(母)음을 배우고 있습니다.

 **한자 속 한자**

아들 자

뜻은 **아들**이고, **자**라고 읽어요.

포대기 안에 싸여져 있는 아기의 머리와 작은 체구의
모습으로 '아들'이라는 뜻을 나타냅니다.

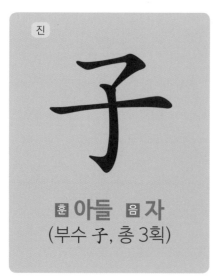

子

훈 **아들** 음 **자**
(부수 子, 총 3획)

→ 흐린 색의 글씨를 따라 써보세요.

생활 속 한자

- 파란 모자를 쓴 남자(子) 아이가 힘차게 깃발을 흔듭니다.
- 나는 동생에게 '어린 왕자(子)' 이야기를 해 주었습니다.

여자 녀(여)

뜻은 여자이고, 녀(여)라고 읽어요.

여자가 두 손을 모으고 얌전히 앉아있는 모습으로 '여자'라는 뜻을 나타냅니다.

어 진

女

훈 **여자** 음 **녀(여)**
(부수 **女**, 총 3획)

여자 녀(여)	여자 녀(여)	여자 녀(여)

생활 속 한자

- 나는 여(女)동생이 두 명 있습니다.
- 내가 한복을 입으니 할머니께서 하늘에서 내려온 선녀(女)같다고 말씀하셨습니다.

형 형

뜻은 형이고, 형이라고 읽어요.

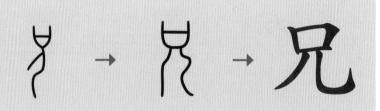

제단(제사장) 앞에서 기도문을 큰소리로 외치는 사람의 모습으로 '형'이라는 뜻을 나타냅니다.

어

兄

훈 형 음 형
(부수 儿, 총 5획)

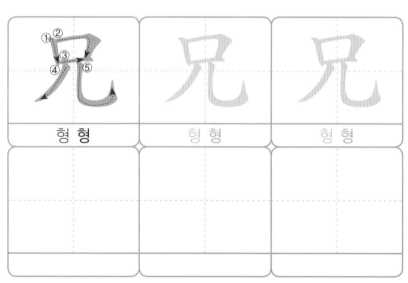

형 형

형 형

형 형

↪ 흐린 색의 글씨를 따라 써보세요.

생활 속 한자

■ 사촌 형(兄)이 나에게 내가 가장 좋아하는 장난감을 주었습니다.

■ 이모는 우리 아빠에게 형(兄)부라고 부릅니다.

아우 제

뜻은 아우이고, 제라고 읽어요.

나뭇가지에 끈을 감고 노는 어린 아이의 모습으로,
'아우'라는 뜻을 나타냅니다.

훈 **아우** 음 **제**
(부수 弓, 총 7획)

弟	弟	弟
아우 제	아우 제	아우 제

생활 속 한자

- 벼슬에서 물러난 이황은 제(弟)자를 열심히 가르쳤습니다.
- '아기 돼지 삼형제(弟)' 책에 나오는 돼지들은 참 귀엽습니다.

사람 인

뜻은 **사람**이고, **인**이라고 읽어요.

사람이 옆으로 서 있는 모양으로 '사람'이라는 뜻을 나타냅니다.

어 진

人

훈 **사람** 음 **인**
(부수 人, 총 2획)

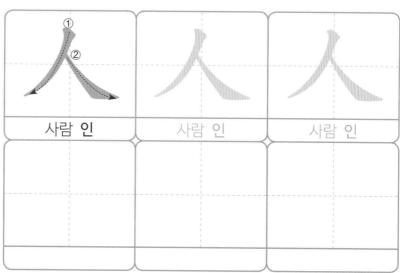

사람 인 　　사람 인 　　사람 인

→ 흐린 색의 글씨를 따라 써보세요.

생활 속 한자

■ 인(人)도에서는 오른쪽으로 걸어갑니다.
■ 민주가 주인(人)공인 콩쥐 역할을 맡았습니다.

입 구

뜻은 **입**이고, **구**라고 읽어요.

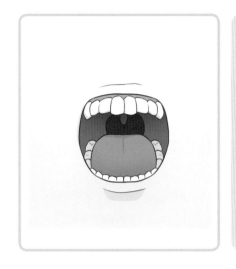

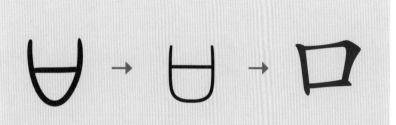
ㅂ → ㅂ → 口

입을 벌리고 웃는 모습으로 '입'이라는 뜻을 나타냅니다.

진

口

훈**입** 음**구**
(부수 口, 총 3획)

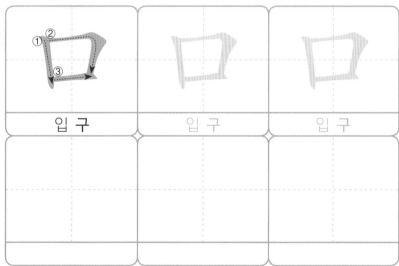

| 입 구 | 입 구 | 입 구 |

생활 속 한자

- 중국은 전 세계에서 인구(口)가 가장 많은 나라입니다.
- 현서와 나는 놀이터 입구(口)에서 만나기로 약속했습니다.

손도끼 들고 있는 아버지 **아비 부**

아이에게 젖먹이는 어머니 **어미 모**

아기의 머리와 몸 **아들 자**

얌전하게 앉아 있는 여자 **여자 녀(여)**

큰소리를 외치는 **형 형**

나무에 끈 감고 노는 동생 **아우 제**

옆으로 서 있는 사람 **사람 인**

입 벌리고 웃는 모습 **입 구**

토팡이 가족을 구출하라!

1 자신의 지우개를 놀이말로 사용한다.

2 놀이말 지우개을 출발칸에 놓는다.

3 가위 바위 보를 해서 이긴 사람이 아래와 같이 움직인다.

    (가위로 이기면 1칸, 바위로 이기면 2칸, 보로 이기면 3칸)

4 이동한 칸에 나온 한자의 훈(뜻)과 음(독음)을 바르게 말하면 이동한다. 맞추지 못하면 원래
    자리로 돌아간다.

5 먼저 도착한 사람이 토팡이와 함께 가족을 구하고 이긴다.

문제 속 한자

1 알맞은 한자를 찾아 연결해 보세요.

①   ·   · 母

②   ·   · 兄

③   ·   · 父

④   ·   · 弟

2 밑줄 친 말에 해당하는 한자를 〈보기〉에서 찾아 그 번호를 쓰세요.

> 보기   ① 人   ② 子   ③ 女   ④ 弟   ⑤ 母

(1) 저 사람은 <u>여자</u>입니다. ☐

(2) <u>어머니</u>께서 좋아하신다. ☐

(3) <u>아우</u>가 손을 흔들었습니다. ☐

> 아~ 이런 뜻이구나!!
> 부모형제 : 아버지, 어머니, 형, 아우
> 라는 뜻으로 가족을 이르는 말.

3 다음 한자의 음(독음)을 〈보기〉에서 찾아 그 번호를 쓰세요.

> 보기   ① 부   ② 제   ③ 인   ④ 구

(1) 口 ☐   (2) 父 ☐

(3) 人 ☐   (4) 弟 ☐

1 다음 밑줄 친 말에 해당하는 漢子한자를 〈보기〉에서 찾아 그 번호를 쓰세요.

보기
① 父   ② 兄   ③ 母
④ 女   ⑤ 弟   ⑥ 子

(1) <u>형</u>은 ☐

(2) <u>아버지</u>께 손을 내밀었습니다. ☐

(3) <u>어머니</u>와 ☐

(4) <u>아들</u>은 큰 문으로 들어갔습니다. ☐

2 다음 漢字한자의 훈(訓:뜻)을 〈보기〉에서 찾아 그 번호를 쓰세요.

보기
① 父   ② 母   ③ 兄   ④ 弟
⑤ 子   ⑥ 女   ⑦ 人   ⑧ 口

(1) 아우 ☐

(2) 사람 ☐

(3) 입 ☐

(4) 여자 ☐

3 다음 漢字한자의 음(音:소리)을 〈보기〉에서 찾아 그 번호를 쓰세요.

보기
① 부   ② 모   ③ 형   ④ 제
⑤ 자   ⑥ 녀(여)   ⑦ 인   ⑧ 구

(1) 父 ☐

(2) 口 ☐

(3) 子 ☐

(4) 兄 ☐

4 다음 漢字한자의 진하게 표시한 획은 몇 번째 쓰는지 〈보기〉에서 찾아 그 번호를 쓰세요.

보기
① 첫 번째   ② 두 번째   ③ 세 번째
④ 네 번째   ⑤ 다섯 번째   ⑥ 여섯 번째
⑦ 일곱 번째   ⑧ 여덟 번째

(1) 弟 ☐

(2) 母 ☐

실전 속 한자 진흥회

1 다음 ≪ ≫안의 뜻에 맞는 한자를 골라 번호를 쓰시오.

(1) ≪여자≫ ☐

    ① 女   ② 四   ③ 月   ④ 白

(2) ≪아들≫ ☐

    ① 父   ② 兄   ③ 上   ④ 子

(3) ≪형≫ ☐

    ① 父   ② 母   ③ 子   ④ 兄

(4) ≪아우≫ ☐

    ① 女   ② 弟   ③ 兄   ④ 子

2 다음 문장 중에 쓰인 한자를 바르게 읽은 것을 골라 번호를 쓰시오.

(1) 父모님께 가슴에 카네이션을 달아드렸습니다. ☐

    ① 부   ② 모   ③ 형   ④ 제

(2) 우리들은 선생님의 제子입니다. ☐

    ① 여   ② 모   ③ 인   ④ 자

(3) 한글은 자음과 母음으로 이루어져 있습니다. ☐

    ① 사   ② 모   ③ 만   ④ 제

3 아래 한자의 훈(뜻)과 음(소리)을 〈보기〉와 같이 쓰시오.

> 보기   一 (한 일)

(1) 弟 ☐

(2) 口 ☐

(3) 人 ☐

(4) 父 ☐

4 다음 한자어의 독음(소리)을 〈보기〉와 같이 쓰시오.

> 보기   一 日 (일일)

(1) 父母 ☐

(2) 兄弟 ☐

(3) 子女 ☐

(4) 女子 ☐

아하 그렇구나!!! **알고 보면 한자어!!!**

우리가 매일 가는 '학교', 학교에서 만나는 '선생님', '친구' 모두 한자어라는 거 알고 있나요?
학교, 선생님, 친구는 어떤 한자로 만들어진 한자어인지 함께 살펴 볼까요?

학교 學校	아이가 셈 공부하면서 책상 위에서 잘라놓은 나무 가지를 가지고 노는 모양을 본뜬 '배울 학(學)'과 나무 그늘 아래에서 아이들이 서로 공부하며 사귀고 있는 모양을 본뜬 글자인 '학교 교(校)'를 더하여 만들어진 말이에요.

선생 先生	'먼저 선(先)'과 '날 생(生)'이 만나 만들어진 말로, 한자의 뜻을 그대로 풀이하면 '먼저 태어난 사람'이라는 뜻이지만, 지금의 뜻은 일반적으로 '학생을 가르치는 사람'이라고 말해요. 학교에서 우리를 가르쳐 주시는 선생님이라는 말은 '선생'과 그 사람을 높여 부르는 우리말 '님'이 더하여 만들어졌어요.

친구 親舊	옷은 새 것 일수록 좋고 사람은 오래 될수록 좋다는 말이 있듯이 벗은 오래 될수록 단단하고 강해져요. 친하게 사귀는 벗을 친구라고 해요. '친할 친(親)'은 '가까이 보다'라는 뜻이고, '오랠 구(舊)'는 '오래 되다'라는 뜻이에요. 곧 친구란 가까이 두고 오래 사귄 사람이라는 뜻이에요.

한자 수수께끼

서양에서는 서고, 동양에서는 누워 있는 글자는?

一(한 일)이다. 사람 숫자를 셀 때는 한자로 서서 있고, 동양에서는 一이로 누워 있다.

정답

승빈이는 공부를 안 해서 엄마에게 꾸중을 듣고 이불 속에서 울었어요.

울다가 꿈나라로 간 승빈이는 꿈 속에서 토팡이와 함께 붕붕우산을 타고 방학 때 놀던 외할머니 댁 앞마당에 도착했어요. 때마침 외할머니가 나오셔서 "아이구~ 내 강아지! 어서 와라!"라며 반갑게 맞이해 주셨어요.

할머니가 만들어 주신 맛있는 음식을 먹은 후, 붕붕우산을 타고 하늘을 훨훨 날아 산(山)도 넘고, 바다도 건너니 과거와 미래의 승빈이의 모습이 보였어요.

아기 승빈이는 온 방을 기어 다니며 떨어진 과자도 주워 먹고, 낮잠을 자는 아버지 배 위에 올라가 엎드려 보기도 하고, 집안에 있는 온갖 물건들이 신기해서 들여다 보았어요. 승빈이는 어릴 때 모습을 보고 토팡이와 함께 웃었어요.

또 승빈이는 학생들을 가르치고 있는 멋진 선생님이 된 자신의 모습을 보고, 앞으로 열심히 공부해야겠다는 생각을 했어요. 이제부터는 월(月), 화(火), 수(水), 목(木), 금(金), 토(土), 일(日) 매일 계획도 세우고, 숙제도 공부도 열심히 할 거라고 결심했어요.

엄마의 "저녁 먹자~" 소리에 놀라 잠에서 깼어요. 꿈에서 깬 승빈이는 기분이 좋아졌어요.

 한자 예고편 ◀ 그림 속에 숨어있는 한자들을 찾아보세요.

月 달 (월)	火 불 (화)	水 물 (수)	木 나무 (목)
金 쇠 (금)/성 (김)	土 흙 (토)	日 날/해 (일)	山 메/산 (산)

달 월

뜻은 달이고, 월이라고 읽어요.

초승달의 모양으로 '달'이라는 뜻을 나타냅니다.

훈 **달** 음 **월**
(부수 月, 총 4획)

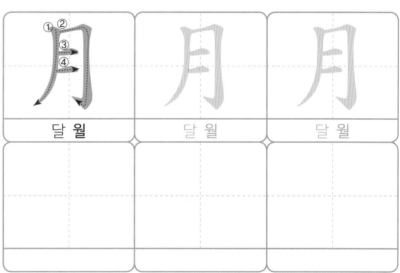

| 달 월 | 달 월 | 달 월 |

→ 흐린 색의 글씨를 따라 써보세요.

생활 속 한자

■ 나는 지난 5월(月) 현장 체험 학습 때 코끼리열차를 탄 일이 가장 기억에 남습니다.

■ 월(月)요일 둘째 시간은 내가 좋아하는 음악시간입니다.

불 화

뜻은 불이고, 화라고 읽어요.

타오르는 불꽃의 모양으로 '불'이라는 뜻을 나타냅니다.

훈 불 음 화
(부수 火, 총 4획)

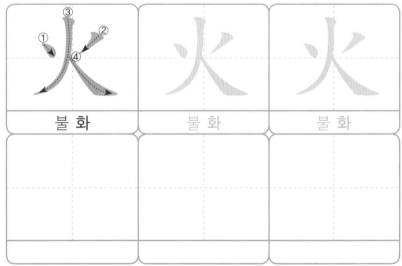

불 화	불 화	불 화

생활 속 한자

- 두루미는 화(火)가 나서 집으로 돌아왔습니다.
- 아버지께서 주문하신 내 자전거가 화(火)요일에 온다고 합니다.

물 수

뜻은 물이고, 수라고 읽어요.

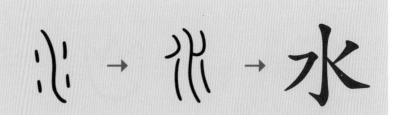

흐르는 물의 모습으로 '물'이라는 뜻을 나타냅니다.

어 진

水

훈 물 음 수
(부수 水, 총 4획)

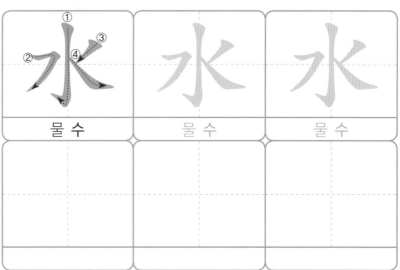

물 수 물 수 물 수

→ 흐린 색의 글씨를 따라 써보세요.

생활 속 한자

■ 주전자에서 물이 끓어 밖으로 나가면 수(水)증기가 됩니다.

■ 어제 우리는 야외 수(水)영장에서 재미있게 놀았습니다.

나무 목

뜻은 나무이고, 목이라고 읽어요.

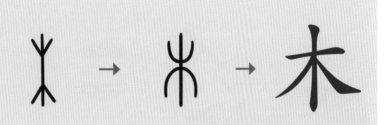

나무 한 그루의 모습으로 '나무'라는 뜻을 나타냅니다.

어 진

훈 **나무** 음 **목**
(부수 木, 총 4획)

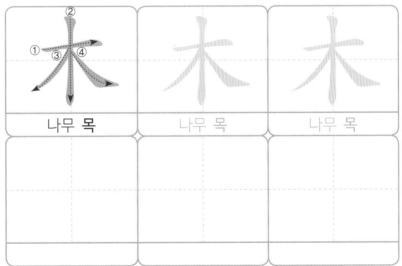

나무 목 　 나무 목 　 나무 목

생활 속 한자

- 우리 가족은 수목(木)원에 가서 많은 꽃과 나무를 보고 왔습니다.
- 목(木)요일에는 남산으로 체험 학습을 하러 갑니다.

쇠 금/성 김 뜻은 쇠(성씨)이고, 금(김)이라고 읽어요.

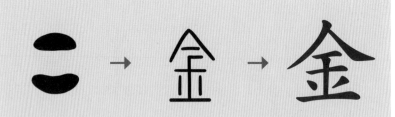

거푸집과 쇳덩이를 본뜬 모양으로, '금'이라는 뜻을 나타냅니다. 성씨를 말할 때 '김'으로 쓰이기도 합니다.

金

훈 쇠(성) 음 금(김)
(부수 金, 총 8획)

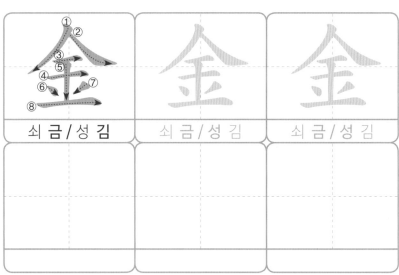

쇠 금/성 김

쇠 금/성 김

쇠 금/성 김

→ 흐린 색의 글씨를 따라 써보세요.

생활 속 한자

- 올림픽에서 금(金)메달을 딴 선수에게 성대한 환영식을 열어 주었습니다.
- 대학생인 작은 삼촌은 열심히 공부하여 장학금(金)을 받았습니다.

흙 土

뜻은 흙이고, 토라고 읽어요.

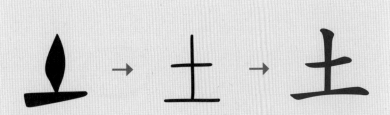

흙무더기가 봉긋하게 쌓여져 있는 모양으로 '흙'이라
는 뜻을 나타냅니다.

어 진

훈 흙 음 토
(부수 土, 총 3획)

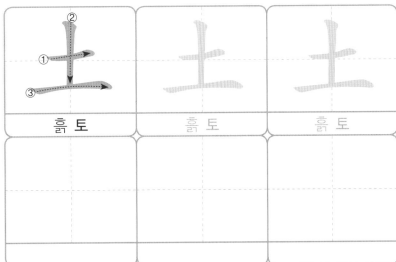

흙 토

생활 속 한자

- 지난 토(土)요일에 공원에서 직접 연을 만들어 날려 보았습니다.
- 할아버지께서 보리밥은 몸에 좋은 토(土)속음식이라고 하셨습니다.

날/해 일

뜻은 해이고, 일이라고 읽어요.

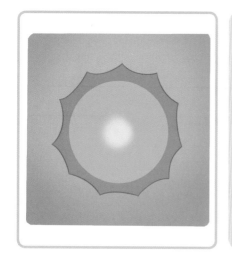

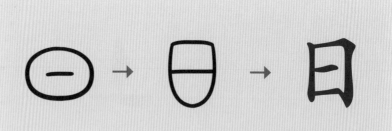

해의 모양으로 '해, 태양'이라는 뜻을 나타냅니다.

어 진

日

훈 날/해 음 일
(부수 日, 총 4획)

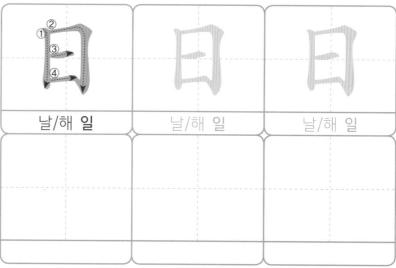

날/해 일	날/해 일	날/해 일

→ 흐린 색의 글씨를 따라 써보세요.

생활 속 한자

■ 혜수는 일(日)기장을 깜빡 잊고 학교에 가져오지 않았습니다.

■ 나는 지난주 일(日)요일(日)에 민속촌에 가서 굴렁쇠 놀이를 해 보았습니다.

메/산 산

뜻은 메이고, 산이라고 읽어요.

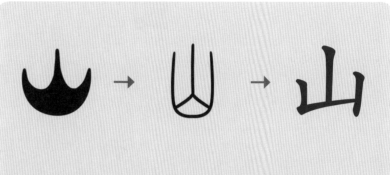

산의 모양으로 '산'이라는 뜻을 나타냅니다.

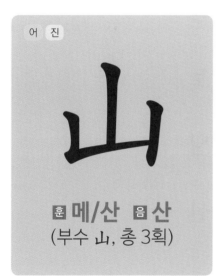

어 진

山

훈 메/산 음 산
(부수 山, 총 3획)

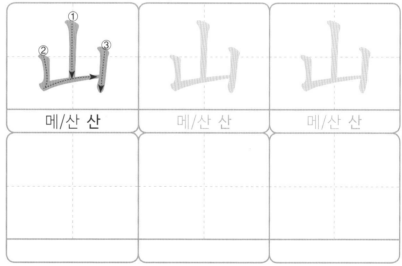

메/산 산	메/산 산	메/산 산

생활 속 한자

- 토끼가 깊은 산(山)속을 지나고 있는데 갑자기 호랑이가 나타났습니다.
- 아빠가 어제 주문하신 자전거는 어린이용 산(山)악 자전거입니다.

리듬 속 한자 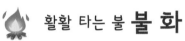 챈트 음원과 동영상이 들어있어요.

빈칸에 알맞은 한자를 써보세요.

밤하늘의 초승달 **달 월**

활활 타는 불 **불 화**

흐르는 물 **물 수**

뿌리 내린 나무 **나무 목**

쇳덩이를 본 뜬 모양 **쇠 금**

흙무더기 **흙 토**

하늘에 빛나는 해 **날/해 일**

산봉우리 세 개 **메/산 산**

원판게임

1 교사는 모둠별로 클립을 하나씩 나누어준다.

2 가위 바위 보를 하여 이긴 사람이 먼저 시작한다.

3 클립의 한쪽 끝을 원판 그림의 중심에 놓고 한 손은 연필로 중심을 고정한 후, 다른 한 손은 클립을 튕겨서 돌린다.

4 클립이 멈추면 클립의 끝 부분이 가리키는 칸의 한자의 음과 뜻을 맞추면 1점, 그림을 이용 하여 문장을 말하면 2점을 얻는다.

5 점수를 얻게 되면 해당 한자의 가장 바깥 쪽의 빈칸에 자신의 이름과 점수를 적는다.

6 같은 방법으로 계속 게임을 하고, 점수를 가장 많이 획득한 사람이 이긴다.

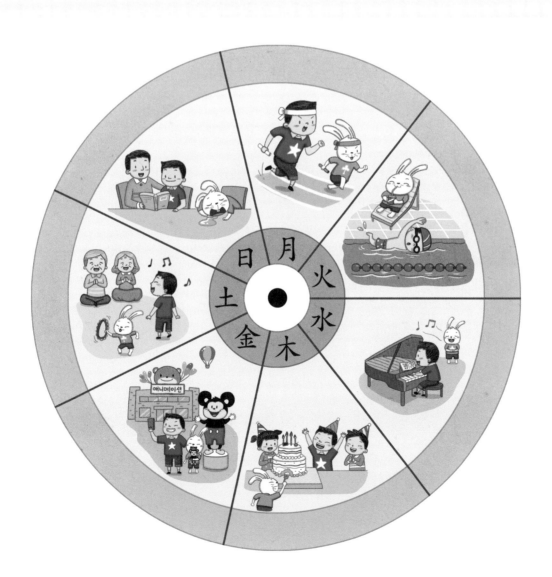

1 알맞은 한자를 찾아 연결해 보세요.

①  · · 月

② · · 火

③ · · 水

④ · · 木

⑤ · · 金

⑥  · · 土

⑦  · · 日

2 다음 한자의 음(소리)을 〈보기〉에서 찾아 그 번호를 쓰세요.

보기 ① 월 ② 금 ③ 화 ④ 목 ⑤ 수 ⑥ 일 ⑦ 토

(1) 火 ☐   (2) 木 ☐

(3) 土 ☐   (4) 水 ☐

3 아래의 훈과 음에 맞는 한자를 빈칸에 써 보세요.

(1) 달 월 ☐   (2) 물 수 ☐

(3) 쇠 금 ☐   (4) 불 화 ☐

실전 속 한자 _{어문회}

1 다음 글의 ( ) 안에 있는 漢字한자의 讀音(독음:읽는 소리)을 쓰세요.

> 보기 (音) → 음

(1) (月)요일날은 [ ]

(2) 집 뒤쪽에 있는 (山)에 올라갔습니다. [ ]

(3) (土)요일에는 [ ]

(4) (金)빛 물결이 출렁이는 바다에 갔습니다. [ ]

2 다음 漢字한자의 음(音:소리)을 〈보기〉에서 찾아 그 번호를 쓰세요.

> 보기
>
> ① 月   ② 水   ③ 金   ④ 火
> ⑤ 木   ⑥ 土   ⑦ 日   ⑧ 山

(1) 금 [ ]

(2) 달 [ ]

(3) 흙 [ ]

(4) 수 [ ]

3 다음 漢字한자의 훈(訓:뜻)을 〈보기〉에서 찾아 그 번호를 쓰세요.

> 보기
>
> ① 月   ② 水   ③ 金   ④ 火
> ⑤ 木   ⑥ 土   ⑦ 日   ⑧ 山

(1) 불 [ ]

(2) 나무 [ ]

(3) 물 [ ]

(4) 해 [ ]

4 다음 漢字한자의 진하게 표시한 획은 몇 번째 쓰는지 〈보기〉에서 찾아 그 번호를 쓰세요.

> 보기
>
> ① 첫 번째   ② 두 번째   ③ 세 번째
> ④ 네 번째   ⑤ 다섯 번째   ⑥ 여섯 번째
> ⑦ 일곱 번째   ⑧ 여덟 번째   ⑨ 아홉 번째
> ⑩ 열 번째   ⑪ 열 한번째   ⑫ 열 두번째

(1) 金 [ ]

(2) 火 [ ]

1 다음 ≪ ≫안의 뜻에 맞는 한자를 골라 번호를 쓰시오.

(1) ≪흙≫ ☐
　　① 木　② 土　③ 火　④ 中

(2) ≪달≫ ☐
　　① 山　② 日　③ 月　④ 木

(3) ≪해≫ ☐
　　① 月　② 中　③ 一　④ 日

(4) ≪물≫ ☐
　　① 水　② 上　③ 山　④ 木

2 다음 문장 중에 쓰인 한자를 바르게 읽은 것을 골라 번호를 쓰시오.

(1) 가족들과 수木원에 갔습니다. ☐
　　① 수　② 목　③ 십　④ 영

(2) 매주 火요일에 봉사활동을 갑니다. ☐
　　① 수　② 화　③ 목　④ 토

(3) 매주 日요일마다 가족들과 등산을 갑니다. ☐
　　① 일　② 월　③ 화　④ 목

(4) 잠水부들이 물 속으로 들어갔습니다. ☐
　　① 하　② 소　③ 목　④ 수

3 아래 한자의 훈(뜻)과 음(소리)을 〈보기〉와 같이 쓰시오.

> 보기　一 (한 일)

(1) 金 ☐
(2) 山 ☐
(3) 水 ☐
(4) 木 ☐

4 다음 한자어의 독음(소리)을 〈보기〉와 같이 쓰시오.

> 보기　一 日 (일일)

(1) 土木 ☐
(2) 火木 ☐
(3) 山水 ☐
(4) 火山 ☐

아하 그렇구나!!! 알고 보면 한자어!!!

물(物)시리즈! 물(物)은 의미를 나타내는 소 우(牛)와 소리를 나타내는 말 물(勿)이 더해져서 만들어진 글자로, 얼룩소를 가리키다가 나중에는 여러 가지를 뜻하는 물건이란 뜻을 나타내게 되었어요. 자! 물(物)이 들어가는 '물건 물(物)' 한자어를 살펴 볼까요?

식물 植物	'심을 식(植)'은 '나무나 식물을 곧게 세워 심다'라는 뜻이 있어요. 식물이란 대체로 이동력이 없고 수분을 흡수하고 광합성 작용을 하여 영양을 보충하며 산소를 배출하고 이산화탄소를 빨아들이는 작용을 해요.
동물 動物	동물은 보통 사람을 제외한 움직이는 생물체를 통틀어 이르는 말이에요. '움직일 동(動)'은 '무거울 중(重)'과 '힘 력(力)'이 더해 물건을 들어올리거나 움직이는 모습을 의미해요.
인물 人物	인물은 보통 사람을 말하지만 '생김새나 됨됨이로 본 일정한/사람 상황에서 어떤 역할을 하는 사람'을 의미하기도 해요.
사물 事物	사물은 일과 물건을 이르는 말이에요. 사(事)는 깃발을 단 깃대를 손으로 세우고 있는 모양을 본뜬 글자로 일을 뜻해요. 우리는 실제 경험을 통해서도 사물의 이름을 배우지만 독서를 통해서도 많이 배우지요.

한자 수수께끼

열 명이 외나무 다리를 건너는 한자는?

별 토(十)이다. 별 십(十)이 열 명이 되고 다리 하나(一)를 건너는 모습을 본뜬 것이다.

정답

오늘은 승빈이의 학교 운동회 날이에요.

승빈이는 집 대(大)문을 나서면서부터 신이 났어요.

학교 운동장에는 경쾌한 음악이 울리고, 여러 나라의 작은 국기들이 달려 있어요.

승빈이는 운동장이 잘 보이는 곳에 토팡이를 몰래 데리고 왔어요.

"토팡아! 내가 올 때까지 여기에서 잘 보고 있어."

드디어 운동회가 시작되고 청(靑)팀, 백(白)팀 나누어서 게임을 했어요.

승빈이는 지난주에 삼촌(寸)이 사 주신 운동화를 신고 달리기 시합에서 1등을 했어요. 토팡이는 "승빈이 달리기 정말 잘한다. 다음에는 나하고 시합하는 게 어때?"하며 승빈이를 칭찬해 줬어요.

그런데 그때 하늘에서 장(長)대비가 주룩주룩 내리기 시작했어요. 승빈이는 어제 감기 때문에 소(小)아과에 가서 주사를 맞았었지만, 비가 내리자 콜록콜록 기침을 했어요. 토팡이는 승빈이에게 붕붕우산을 주며 "어서 이거 쓰고 가! 우리는 내일 만나"하며 헤어졌어요.

 한자 예고편 👈 그림 속에 숨어있는 한자들을 찾아보세요.

大 큰 (대)　　　小 작을 (소)　　　長 길/어른 (장)
寸 마디 (촌)　　　靑 푸를 (청)　　　白 흰 (백)

큰 대

뜻은 크다이고, 대라고 읽어요.

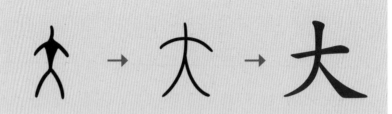

팔과 다리를 벌리고 서 있는 사람의 모습으로 '크다' 라는 뜻을 나타냅니다.

어

大

훈 큰 음 대
(부수 大, 총 3획)

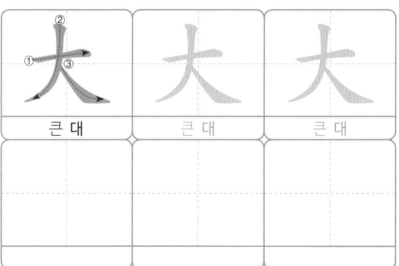

큰 대	큰 대	큰 대

→ 흐린 색의 글씨를 따라 써보세요.

생활 속 한자

■ 정월 대(大)보름에는 차전놀이, 쥐불놀이를 합니다.

■ 꼭꼭 숨어라, 장독 뒤에 숨어라, 대(大)문 뒤에 숨어라.

작을 소

 뜻은 **작다**이고, 소라고 읽어요.

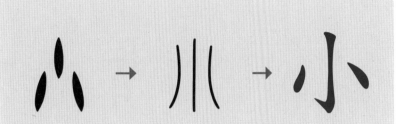

작은 점 세 개의 모양으로 '작다'라는 뜻을 나타냅니다.

훈 작을 **음** 소
(부수 小, 총 3획)

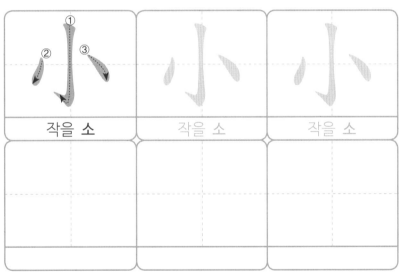

작을 소 | 작을 소 | 작을 소

생활 속 한자

- 우리 동네 소(小)아과 의사선생님은 참 친절하십니다.
- 걸리버 여행기에 나오는 소(小)인국에 나도 가보고 싶다는 생각이 들었습니다.

길/어른 장

뜻은 길다, 어른이고, 장이라고 읽어요.

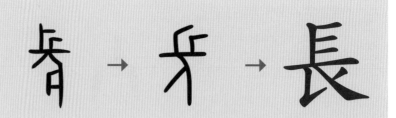

수염이 긴 노인이 지팡이를 짚고 있는 모습으로 '길다, 어른'이라는 뜻을 나타냅니다.

어

長

훈 길/어른 음 장
(부수 長, 총 8획)

길/어른 **장** | 길/어른 장 | 길/어른 장

→ 흐린 색의 글씨를 따라 써보세요.

생활 속 한자

- 할아버지께서는 곡식이 쓰러지지 않도록 장(長)대로 곡식을 쓸어주셨습니다.
- 중국 사람들은 생일날 장(長)수하라는 의미로 국수를 먹는다고 합니다.

마디 촌

 뜻은 **마디**이고, **촌**이라고 읽어요.

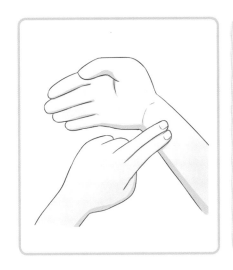

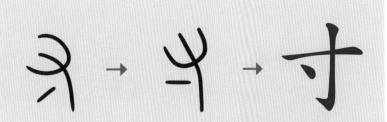

손목 금에서 맥박이 뛰는 곳까지의 거리로 '마디'라는 뜻을 나타냅니다.

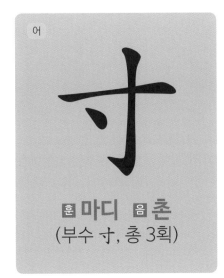

어

훈마디 음촌
(부수 寸, 총 3획)

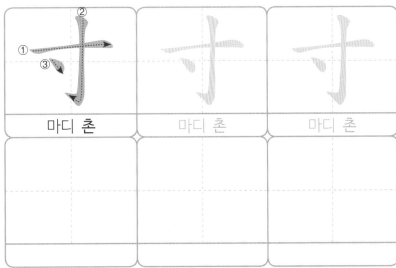

마디 촌 　마디 촌 　마디 촌

생활 속 한자

- 우리 삼촌(寸)은 축구선수입니다.
- 사촌(寸)형이 나에게 맛있는 아이스크림을 사주었습니다.

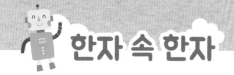

푸를 청

뜻은 **푸르다**이고, **청**이라고 읽어요.

青 → 靑 → 靑

화분 위에 푸른 풀(꽃)이 무성하게 자란 모습으로 '푸르다'라는 뜻을 나타냅니다.

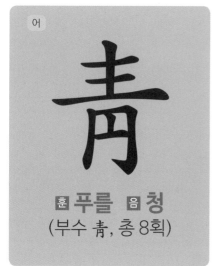

어

青

훈 **푸를** 음 **청**
(부수 靑, 총 8획)

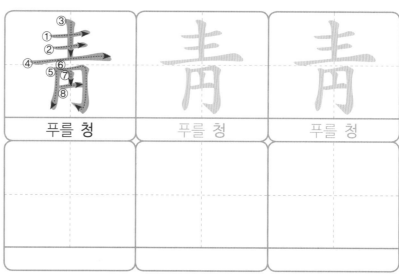

푸를 청	푸를 청	푸를 청

➞ 흐린 색의 글씨를 따라 써보세요.

생활 속 한자

■ 홍색, 청(靑)색, 황색, 백색, 흑색을 오방색이라고 부릅니다.

■ 오늘 오후 2시에 청(靑)와대를 견학하러 갑니다.

흰 백

뜻은 **희다**이고, **백**이라고 읽어요.

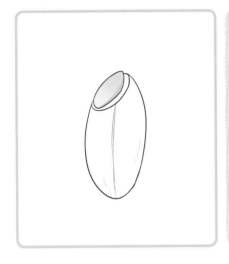

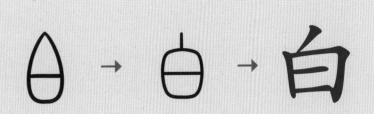

흰쌀 한 톨의 모양으로 희다라는 뜻을 나타냅니다.

어 진

白

훈 **흰** 음 **백**
(부수 白, 총 5획)

흰 백	흰 백	흰 백

생활 속 한자

- 우아하고 아름다운 백(白)조가 날고 있는 모습을 보며 사람들은 모두 감탄하였습니다.
- 그때 어디에서 나타났는지 호호백(白)발 할머니께서 다가와 물으셨습니다.

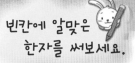 빈칸에 알맞은 한자를 써보세요.

팔 다리 벌리고 서 있는 사람 **큰 대**

작은 점 세 개 **작을 소**

지팡이 짚은 수염 긴 노인 **길/어른 장**

손목에서 맥박이 뛰는 곳까지 **마디 촌**

화분 위에 잘 자란 푸른 풀 **푸를 청**

흰 쌀 한톨 **흰 백**

기차 놀이!

1 선생님과 학생들은 각자 한자 카드를 기차에 원하는 순서대로 배열한다.

2 선생님이 "1번, 큰 대"와 같이 기차의 번호와 그 위에 놓은 한자를 말하면, 학생은 자신의 기차에서 선생님이 말한 번호에 같은 한자가 있는지 본다.

3 선생님이 말한 번호에 선생님과 같은 한자가 있으면, 선생님이 말한 것과 동일하게 "번호, 훈(뜻), 음(소리)"를 외치고 카드를 뺀다. 말하지 못하면 카드를 뺄 수 없다.

4 선생님이 6장의 카드를 다 읽은 후, 기차에 카드가 가장 적게 남아있는 학생이 이긴다.

1 아래 그림을 보고 맞는 한자에 ◯를 하세요.

①

青, 白

②

青, 白

③

大, 小

④

大, 小

2 다음 밑줄 친 말에 해당하는 한자를 〈보기〉에서 찾아 그 번호를 쓰세요.

> 보기 ① 大   ② 白   ③ 小   ④ 寸   ⑤ 青   ⑥ 長

(1) 작은 나라의 임금님이 ☐

(2) 커다란 금 덩어리를 북쪽의 산 가운데 ☐

(3) 푸른 나무 아래 숨겨 놓았습니다. ☐

(4) 어머니께서 사주신 하얀 원피스가 마음에 들었습니다. ☐

(5) 누나의 긴 머리가 바람에 날립니다. ☐

3 아래 한자의 훈이 맞는 것에 ◯를 하세요.

(1) 長 (길다, 머리카락)　　　　　(2) 白 (해, 희다)

(3) 小 (작다, 적다)　　　　　　(4) 青 (맑다, 푸르다)

1 다음 단어나 음(音:소리)에 알맞은 漢字한자를 〈보기〉에서 찾아 그 번호를 쓰세요.

> **보기**
>
> ① 青　② 大　③ 長
> ④ 寸　⑤ 白　⑥ 小

(1) 작다 ☐

(2) 장 ☐

(3) 마디 ☐

(4) 청 ☐

2 다음 漢字한자의 훈(訓:뜻)을 〈보기〉에서 찾아 그 번호를 쓰세요.

> **보기**
>
> ① 大　② 小　③ 長
> ④ 寸　⑤ 青　⑥ 白

(1) 크다 ☐

(2) 길다 ☐

(3) 희다 ☐

(4) 푸르다 ☐

3 다음 漢字한자의 음(音:소리)을 〈보기〉에서 찾아 그 번호를 쓰세요.

> **보기**
>
> ① 대　② 소　③ 장
> ④ 촌　⑤ 청　⑥ 백

(1) 寸 ☐

(2) 小 ☐

(3) 青 ☐

(4) 白 ☐

4 다음 漢字한자의 진하게 표시한 획은 몇 번째 쓰는지 〈보기〉에서 찾아 그 번호를 쓰세요.

> **보기**
>
> ① 첫 번째　② 두 번째　③ 세 번째
> ④ 네 번째　⑤ 다섯 번째　⑥ 여섯 번째
> ⑦ 일곱 번째　⑧ 여덟 번째　⑨ 아홉 번째
> ⑩ 열 번째　⑪ 열 한번째　⑫ 열 두번째

(1) 青 ☐

(2) 長 ☐

실전 속 한자 진흥회

1 다음 ≪ ≫안의 뜻에 맞는 한자를 골라 번호를 쓰시오.

(1) ≪작다≫ ☐

　① 三　② 六　③ 中　④ 小

(2) ≪길다≫ ☐

　① 父　② 長　③ 門　④ 大

(3) ≪크다≫ ☐

　① 白　② 六　③ 靑　④ 大

(4) ≪문≫ ☐

　① 八　② 門　③ 大　④ 長

2 다음 문장 중에 쓰인 한자를 바르게 읽은 것을 골라 번호를 쓰시오.

(1) 크레파스 중에서 靑색만 없습니다. ☐

　① 녹　② 백　③ 남　④ 청

(2) 학교에 갔다와 보니 大문이 열려있었습니다. ☐

　① 대　② 소　③ 다　④ 태

(3) 운동회 때 우리는 白팀을 응원했습니다. ☐

　① 황　② 녹　③ 백　④ 청

(4) 우리 삼寸은 선생님이십니다. ☐

　① 대　② 촌　③ 부　④장

3 아래 한자의 훈(뜻)과 음(소리)을 〈보기〉와 같이 쓰시오.

보기	一 (한 일)

(1) 小 ☐

(2) 白 ☐

(3) 大 ☐

(4) 寸 ☐

4 다음 글을 읽고 밑줄 친 부분의 뜻을 가진 한자를 〈보기〉에서 골라 번호를 쓰시오.

옛날 옛날에 ¹⁾작은 청개구리 한 마리가 있었는데 ²⁾큰 산 아래 개울가에 살고 있었어요. 비가 오는 날 ³⁾긴 나뭇가지 끝에 핀 ⁴⁾흰 꽃을 바라보며 엄마를 생각하고 있었어요.

보기
① 大　② 小　③ 長
④ 寸　⑤ 靑　⑥ 白

(1) ☐

(2) ☐

(3) ☐

(4) ☐

놀랍게도 우리나라 말에는 순우리말보다 한자어가 훨씬 많아요. 10개 중에서 7개가 한자어지요. 외국어나 순우리말 같은데 알고 보면 한자어인 경우도 있어요. 일상 생활에서 자주 접하는 말 중에 어떤 한자어가 있는지 함께 살펴 볼까요?

생활
生活

'날 생(生)'과 '살 활(活)'이 더하여 만들어진 낱말로, 살아있는 사람이나 동물이 일정한 환경에서 활동하며 살아가는 것을 말해요. '활(活)'은 물이 바위에 부딪치며 물결이 합쳐 소리를 내면서 힘차게 흘러가는 것을 의미했지만, 의미가 바뀌어 힘차게 활동하는 일을 말하게 되었어요.

공부
工夫

'공부'는 우리가 익숙하게 하는 '말로 학문이나 기술 등을 배우고 익힌다'는 뜻이 있습니다. '장인 공(工)'과 '지아비 부(夫)'가 더하여 만들어진 낱말이며, 사전적 의미로도 배우고 익힌다는 뜻을 의미해요.

주의
注意

'물댈 주(注)'와 '뜻 의(意)'가 더하여 만들어진 낱말로, 마음에 새겨 두고 조심하거나 집중을 해야하는 일에서 정신을 한데 모음을 의미해요. '주의'에서 '주(注)'는 '물 수(水)'와 '주인 주(主)'가 합하여 만들어 졌어요.

한자 수수께끼

해(日)가 한쪽으로 모자 쓴 한자는?

旦(아침 단)이다. 하늘에 해가 떠오르기 시작한 모습인 글자로, 땅 위에 해가 있는 모습이다.

정답

05 알라딘 궁전 구경 - 방향

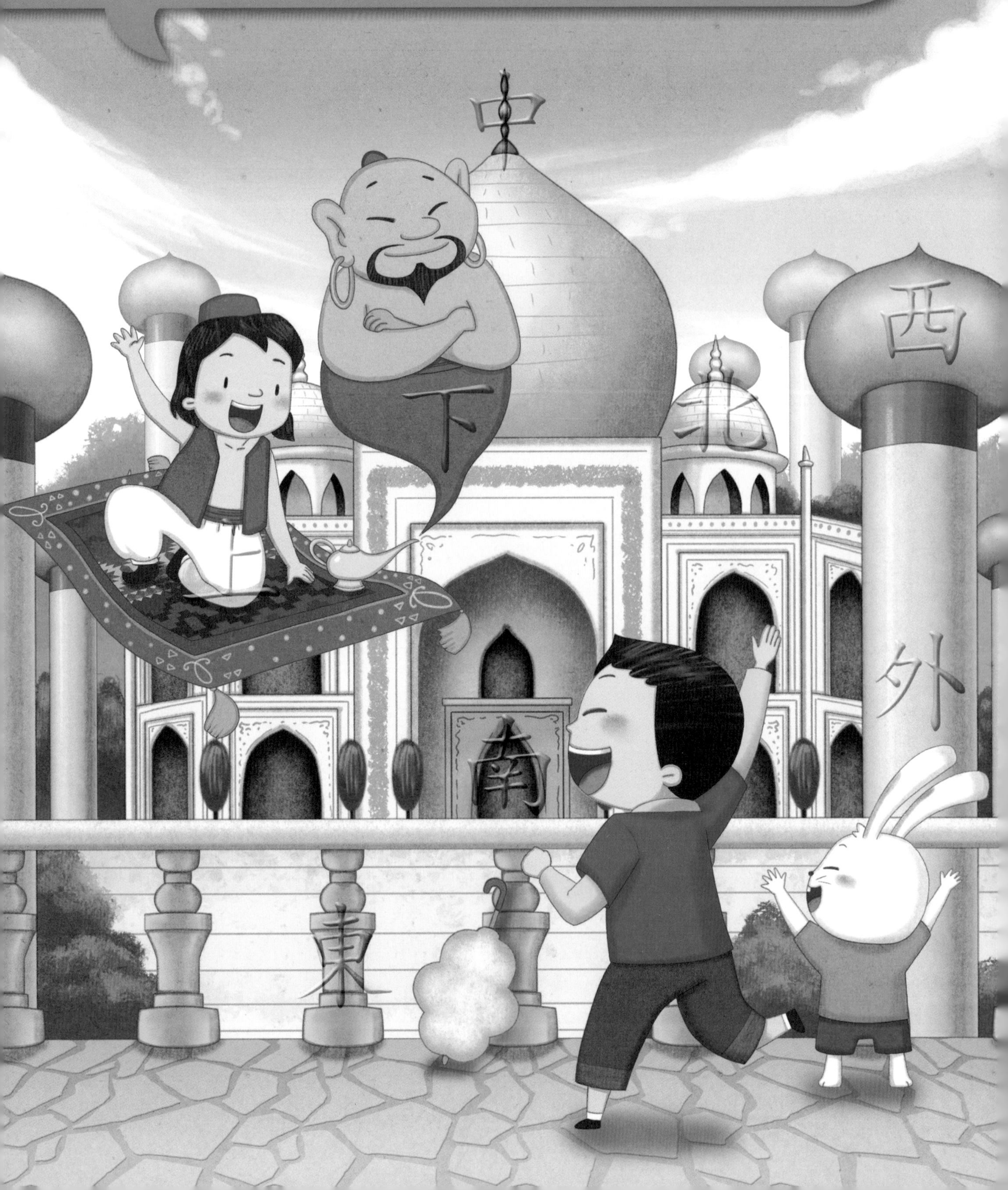

토팡이가 반가운 얼굴로 승빈이에게 말했어요.

"승빈아, 우리 오늘 붕붕우산 타고 신나게 여행하는 게 어때?"

승빈이는 "좋아! 그런데 오늘은 어디 가는 거야?"라고 물었어요.

"오늘은 동(東), 서(西), 남(南), 북(北) 중(中)에서 승빈이가 가고 싶은 방향을 말하면 붕붕우산이 우리를 데려다 줄 거야! 어서 말해!"

"그럼 내 동생도 데리고 가면 안 돼?"

"그건 좀 곤란해. 왜냐하면 이 우산은 세 사람 이상(上)은 탈 수 없거든…"

"아~ 그렇구나. 우리 이번에는 남쪽으로 가보자~"

승빈이의 말이 끝나자 "펑" 소리가 나며 승빈이와 토팡이는 남쪽에 있는 멋진 궁전에 도착했어요. 마침 '알라딘'과 요술램프 안에 살고 있는 하(下)인 '지니'도 요술 담요를 타고 왔어요. 승빈이는 깜짝 놀라 "앗! 알라딘과 지니다."라고 소리쳤어요.

승빈이와 토팡이가 신기해하며 궁전을 구경하다가 어느 방안으로 들어가려고 하자 알라딘이 승빈이에게 다가와

"이 방은 나와 지니 외(外)에는 아무도 들어갈 수 없어! 하지만 너만 보여 줄게"

라고 했어요. 그런데 그때, 붕붕 우산에 불이 깜빡 깜빡 들어왔어요. 승빈이는 방안이 궁금했지만, 어쩔 수 없이 집으로 돌아왔어요.

승빈이는 알라딘과 이야기를 많이 나누지 못해서 아쉬웠지만, 정말 즐거웠어요.

 한자 예고편 ◀━━ 그림 속에 숨어있는 한자들을 찾아보세요.

上 위 (상)	中 가운데 (중)	下 아래 (하)	外 바깥 (외)
東 동녘 (동)	西 서녘 (서)	南 남녘 (남)	北 북녘 (북)

위 상

뜻은 위(쪽)이고, 상이라고 읽어요.

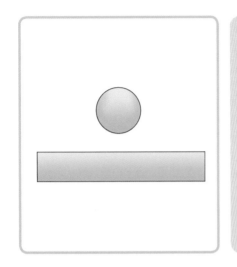

二 → 上 → 上

기준선 위에 점을 찍은 모양으로 '위(쪽)'이라는 뜻을
나타냅니다.

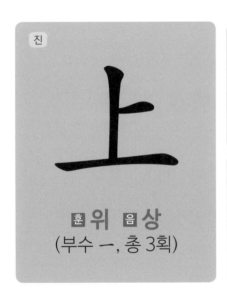

진

上

훈 위 음 상
(부수 一, 총 3획)

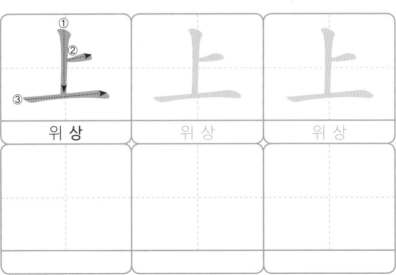

上	上	上
위 상	위 상	위 상

→ 흐린 색의 글씨를 따라 써보세요.

생활 속 한자

■ 날마다 운동을 하면 체력이 향상(上)된다고 합니다.
■ 지난 겨울 방학 때 가족들과 마니산 정상(上)까지 올라갔습니다.

가운데 중

뜻은 **가운데**이고, 중이라고 읽어요.

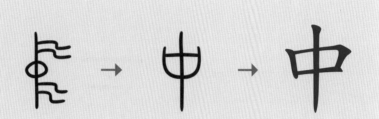

성의 가운데에 꽂아 놓은 깃발의 모양으로 '가운데'라는 뜻을 나타냅니다.

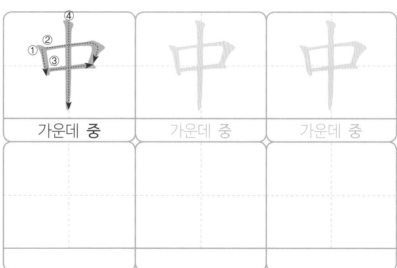

가운데 **중**　　가운데 중　　가운데 중

생활 속 한자

- 내 동생은 집중(中)하며 반듯반듯하게 글씨를 씁니다.
- 자전거를 탈 때는 중(中)심을 잘 잡아야 합니다.

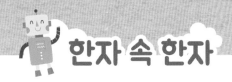
아래 하

뜻은 **아래**이고, **하**라고 읽어요.

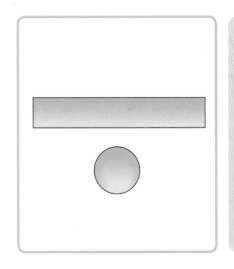

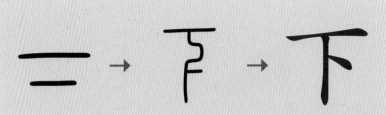

기준선 아래에 점을 찍은 모양으로 '밑, 아래'라는 뜻을 나타냅니다.

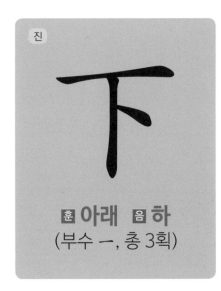

진

下

훈 **아래** 음 **하**
(부수 一, 총 3획)

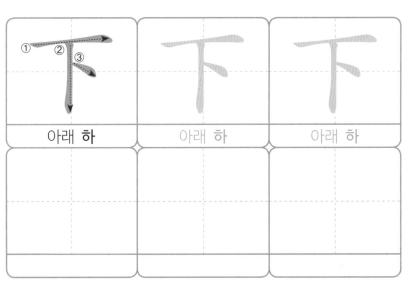

아래 하	아래 하	아래 하

→ 흐린 색의 글씨를 따라 써보세요.

생활 속 한자

- 신하(下)들은 왕의 행차를 따라 나갔습니다.
- 여름 장마 때 비가 너무 많이 내려 지하(下)실이 물에 잠겼습니다.

바깥 외

뜻은 **바깥**이고, 외라고 읽어요.

저녁에 뜨는 달과 거북이 등에 점을 치는 모양으로 '바깥'이라는 뜻을 나타냅니다.

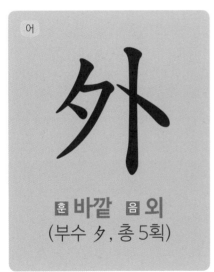

어

外

훈 **바깥** 음 **외**
(부수 夕, 총 5획)

外 바깥 외	外 바깥 외	外 바깥 외

생활 속 한자

- 어느 날, 외(外)계인이 이상한 암호를 보내왔습니다.
- 외(外)갓집에 놀러 가서 사촌들과 냇가에서 물고기를 잡았던 적이 있습니다.

동녘 동

뜻은 동쪽이고, 동이라고 읽어요.

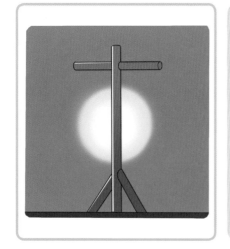

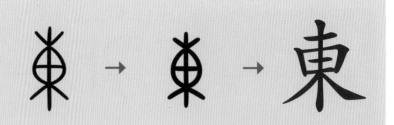

나무 사이로 해가 떠오르는 모양으로 '동쪽'이라는 뜻을 나타냅니다.

어

東

훈 **동녘** 음 **동**
(부수 木, 총 8획)

동녘 동   동녘 동   동녘 동

↘ 흐린 색의 글씨를 따라 써보세요.

생활 속 한자

- 동(東)양과 서양의 용은 겉모습부터 차이가 있습니다.
- 동(東)쪽에서 해가 뜨고, 서쪽으로 해가 집니다.

서녘 서

뜻은 서쪽이고, 서라고 읽어요.

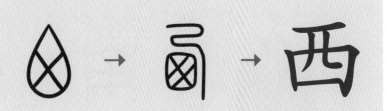

해가 서쪽으로 지고 새가 둥지로 돌아오는 모양으로
'서쪽'이라는 뜻을 나타냅니다.

어

西

훈 서녘 음 서
(부수 襾, 총 6획)

서녘 서   서녘 서   서녘 서

생활 속 한자

- 서울특별시 용산구에는 서(西)빙고동이라는 지역이 있습니다.
- 서(西)양식 옷이 들어오면서 사람들은 한복 대신 서(西)양식 옷을 입었습니다.

남녘 남

뜻은 남쪽이고, 남이라고 읽어요.

남방에서 쓰였던 북과 같은 종류의 악기를 보고 만든 모양으로 '남쪽'이라는 뜻을 나타냅니다.

어

南

훈 남녘 음 남
(부수 十, 총 9획)

남녘 남

남녘 남

남녘 남

→ 흐린 색의 글씨를 따라 써보세요.

생활 속 한자

- 펭귄은 남(南)극에 살고 있습니다.
- 제주도는 우리나라의 남(南)쪽에 있습니다.

북녘 북

뜻은 **북쪽**이고, **북**이라고 읽어요.

두 사람이 등을 돌리고 있는 모양으로 '북쪽'이라는 뜻을 나타냅니다.

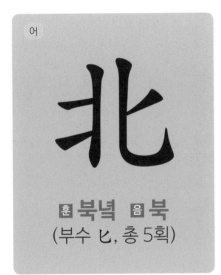

훈 **북녘** 음 **북**
(부수 ㄴ, 총 5획)

북녘 북	북녘 북	북녘 북

생활 속 한자

- 북(北)두칠성은 북(北)쪽 하늘에 일곱 개의 별이 이루고 있는 별자리를 말합니다.
- 북(北)한산은 서울에 있는 국립공원입니다.

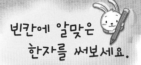
선 위에 점 **위 상**

성에 꽂은 깃발 **가운데 중**

선 아래 점 **아래 하**

 거북이 등에 점 치는 모습 **바깥 외**

나무 사이 떠있는 해 **동녘 동**

해 지고 돌아오는 새 **서녘 서**

남방에서 쓰던 악기 **남녘 남**

등 돌린 두 사람 **북녘 북**

게임 속 한자

알라딘의 요술램프를 찾아라!

1 세 개의 모둠으로 나눈다.

2 각 모둠은 암호문 1, 2, 3 중 하나씩 선택해서 암호문의 지시에 따라 요술램프가 묻힌 칸을 찾는다.

암호문1: 東3 –〉南1 –〉西5 –〉北2 –〉東1 –〉北4

암호문2: 西2 –〉北1 –〉東5 –〉北3 –〉西4 –〉北1

암호문3: 東5 –〉北6 –〉西3 –〉北1 –〉西3 –〉南2

3 가장 먼저 요술램프가 있는 곳을 찾는 모둠이 이긴다.

*동쪽은 오른쪽, 서쪽은 왼쪽, 남쪽은 아래쪽, 북쪽은 위쪽이에요.

출발

문제 속 한자

1 아래 그림에서 토팡이가 담요의 어느 쪽에 있는지 올바른 한자에 ○ 하고 음을 써 보세요.

①

上, 下

②

上, 下

2 아래 한자의 훈·음을 빈칸에 써 보세요.

① 西 ☐   ② 南 ☐

③ 東 ☐   ④ 北 ☐

3 아래의 훈과 음에 맞는 한자를 빈칸에 써 보세요.

① 가운데 중 ☐

② 바깥 외 ☐

③ 위 상 ☐

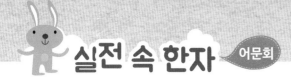

1 다음 글의 ( ) 안에 있는 漢字한자의 讀音(독음:읽는 소리)을 쓰세요.

> 보기 (音) → 음

(1) 우리 학교는 우리 집에서 (南)쪽에 있고,

(2) (北)쪽으로 가면 은행이 있습니다.

(3) 그 (中)간 에는 수영장이 있습니다.

(4) (西)쪽으로 가면 내 동생이 다니는 유치원이 있습니다.

2 다음 밑줄 친 말에 해당하는 漢子한자를 〈보기〉에서 찾아 그 번호를 쓰세요.

> 보기
> ① 中 ② 西 ③ 南 ④ 下
> ⑤ 北 ⑥ 上 ⑦ 東

(1) 나는 동쪽에 있는 학교에 다닙니다.

(2) 위쪽으로 가면 느티나무가 있고,

(3) 아래쪽으로 가면 은행나무가 있습니다.

(4) 서쪽으로 가면 가구점이 보입니다.

3 다음 漢字한자의 훈(訓:뜻)을 〈보기〉에서 찾아 그 번호를 쓰세요.

> 보기
> ① 上 ② 中 ③ 下 ④ 外
> ⑤ 東 ⑥ 西 ⑦ 南 ⑧ 北

(1) 바깥

(2) 가운데

(3) 아래

(4) 동쪽

4 다음 漢字한자의 진하게 표시한 획은 몇 번째 쓰는지 〈보기〉에서 찾아 그 번호를 쓰세요.

> 보기
> ① 첫 번째   ② 두 번째   ③ 세 번째
> ④ 네 번째   ⑤ 다섯 번째   ⑥ 여섯 번째
> ⑦ 일곱 번째   ⑧ 여덟 번째   ⑨ 아홉 번째
> ⑩ 열 번째   ⑪ 열 한번째   ⑫ 열 두번째

(1) 南

(2) 中

1 다음 ≪ ≫안의 뜻에 맞는 한자를 골라 번호를 쓰시오.

(1) ≪아래≫ ☐

① 上　② 小　③ 王　④ 下

(2) ≪가운데≫ ☐

① 日　② 中　③ 母　④ 女

(3) ≪동쪽≫ ☐

① 東　② 西　③ 南　④ 北

(4) ≪바깥≫ ☐

① 西　② 中　③ 外　④ 父

2 다음 문장 중에 쓰인 한자를 바르게 읽은 것을 골라 번호를 쓰시오.

(1) 음식 中에서 짜장면을 가장 좋아합니다. ☐

① 남　② 중　③ 부　④ 상

(2) 해는 西쪽으로 집니다. ☐

① 동　② 북　③ 남　④ 서

(3) 제주도는 우리나라에서 南쪽에 있습니다. ☐

① 동　② 해　③ 남　④ 산

(4) 外할머니께서 맛있는 식혜를 만들어 주셨습니다. ☐

① 외　② 북　③ 모　④ 동

3 아래 한자의 훈(뜻)과 음(소리)을 〈보기〉와 같이 쓰시오.

보기 一 (한 일)

(1) 北 ☐

(2) 外 ☐

(3) 下 ☐

(4) 南 ☐

4 다음 한자어의 독음(소리)을 〈보기〉와 같이 쓰시오.

보기 一日 (일일)

(1) 東西 ☐

(2) 南北 ☐

(3) 上下 ☐

(4) 東北 ☐

여러분들은 책을 읽고 나면 그 내용이 어땠는지, 어떤 좋은 문장이 있었는지 의견을 많이 얘기하죠? 이런 내용, 문장, 의견이란 낱말들도 한자어라는 걸 알고 있었나요? 어떤 한자로 만들어진 한자어인지 함께 살펴 볼까요?

내용
内容

'안 내(內)'와 '얼굴 용(容)'이 합하여 만들어진 낱말로, 주로 말이나 글 안에 담고 있는 것을 말해요. '얼굴 용(容)'에는 '얼굴, 용모'라는 뜻도 있지만, '속에 들어있는 것'이라는 의미도 있어요.

문장
文章

'글월 문(文)'과 '문장 장(章)'이 합하여 만들어진 낱말이에요. 생각이나 감정을 말과 글로 표현할 때 완결된 내용을 나타내는 최소의 단위를 말해요.

의견
意見

'뜻 의(意)'와 '볼 견(見)'이 더하여 만들어진 글자예요. 의견이라는 말은 어떤 대상에 대하여 가지는 생각을 말해요. 즉 생각과 비슷한 말이지요.

한자 수수께끼

입에 빗장 지른 글자는?

甲(가로되 왈)자다. 口를 빗장으로 막은 것이다.

정답

텅 빈 교(敎)실(室)에 승빈이가 혼자 앉아 있었어요. 토팡이가 교실 문(門) 밖에서 승빈이의 얼굴을 보니 걱정이 가득해 보였어요.

"승빈아 너 무슨 일 있어?" 토팡이가 조심스럽게 물어봤어요.

"응. 선(先)생(生)님께서 내일 한자 시험을 본다고 하셨거든. 그런데 문제는 배웠던 한자가 한 개도 생각이 나지 않아. 옛날 사람들은 한자를 많이 알았잖아. 특별한 비법이 있었던 건 아닐까?"

"승빈아! 그럼 우리 옛날 사람들이 공부하던 서당에 가서 어떻게 공부하는 지 한번 구경 가보자."

승빈이와 토팡이는 붕붕우산을 타고 "펑"소리와 함께 서당에 도착했어요.

훈장님이 책상 옆에 회초리를 놓아두고 앞쪽에서 훌쩍거리고 있는 학생에게 야단을 쳤어요.

"옛날에는 전 시간에 배운 내용을 다음 날 훈장님 앞에서 외워야 했대. 못 외우면…… 옆에 있는 회초리 보이지?"

승빈이는 회초리를 보자 깜짝 놀랐어요. '옛날 사람들은 쉽게 공부할 수 있는 방법이 있어서 한자를 많이 아는 줄 알았더니 그게 아니었구나.'

"나 이제부터 꽤 부리지 않고 한자 공부 열심히 할 거야."

승빈이가 토팡이에게 말했어요. 그때 마침 붕붕우산에 불이 깜빡 깜빡 들어왔어요. 토팡이와 승빈이는 붕붕우산을 타고 학(學)교(校)로 돌아왔어요.

 한자 예고편 ☜ 그림 속에 숨어있는 한자들을 찾아보세요.

學 배울 (학)	校 학교 (교)	先 먼저 (선)	生 날 (생)
敎 가르칠 (교)	室 집 (실)	門 문 (문)	

배울 학

뜻은 배우다이고, 학이라고 읽어요.

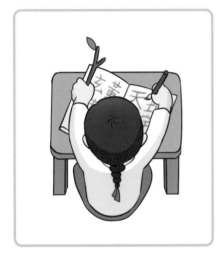

아이가 셈 공부를 하면서 책상 위에서 산가지를 갖고 노는 모양으로 '배우다'라는 뜻을 나타냅니다.

어

學

훈 배울 음 학
(부수 子, 총 16획)

배울 학	배울 학	배울 학

→ 흐린 색의 글씨를 따라 써보세요.

생활 속 한자

- 우리 방학(學) 때 잊어버리지 말고 꼭 만나자.
- 나는 학(學)교 생활이 즐겁습니다.

학교 교

💬 뜻은 학교이고, 교라고 읽어요.

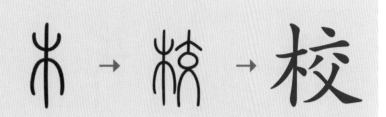

나무 목(木)과 사귈 교(交)가 합쳐진 글자로, 나무 그늘 아래에서 아이들이 서로 공부하며 사귀고 있는 모습에서 '학교'라는 뜻을 나타냅니다.

훈 **학교** 음 **교**
(부수 木, 총 10획)

학교 교

생활 속 한자

■ 학교(校)에 도착하니 친구들이 벌써 많이 와 있었습니다.

■ 우산을 들고 오신 어머니의 모습이 보여 교(校)문 밖으로 뛰어나갔습니다.

먼저 선

뜻은 먼저이고, 선이라고 읽어요.

先 → 先 → 先

발걸음이 남보다 앞서 가는 모습에서 '먼저'라는 뜻을 나타냅니다.

어

先

훈 **먼저** 음 **선**
(부수 儿; 총 6획)

먼저 선	먼저 선	먼저 선

➞ 흐린 색의 글씨를 따라 써보세요.

생활 속 한자

- 선(先)생님께서 보여 주시는 그림을 잘 보고, 그 모양을 기억한 뒤 그려 보세요.
- 우리나라는 선(先)진국에 속합니다.

날 생

뜻은 **나다, 태어나다**이고, **생**이라고 읽어요.

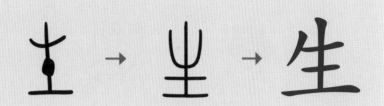

땅에서 풀이 자라나는 새싹의 모습으로 '나다, 태어나다'라는 뜻을 나타냅니다.

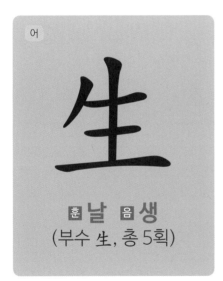

훈 **날** 음 **생**
(부수 生, 총 5획)

날 생　　　　날 생　　　　날 생

생활 속 한자

- 나와 다르게 동생은 생(生)선을 좋아합니다.
- 내 생(生)일에 친구들이 함께 축하해 줘서 기뻤습니다.

가르칠 교

뜻은 **가르치다**이고, **교**라고 읽어요.

𣥜 → 𩀓 → 教

나뭇가지로 셈을 공부하는 아이에게 매를 들어 가르치는 선생님의 모습으로 '가르치다'라는 뜻을 나타냅니다.

어

教

훈 **가르칠** 음 **교**
(부수 攵, 총 11획)

가르칠 교	가르칠 교	가르칠 교

➜ 흐린 색의 글씨를 따라 써보세요.

생활 속 한자

- 우리는 쉬는 시간에 교(教)실에서 재미있는 지도 퍼즐을 맞추었습니다.
- 초등학교에 입학해서 예쁜 그림이 있는 교(教)과서를 받으니 기분이 참 좋습니다.

집 실

뜻은 **집**이고, **실**이라고 읽어요.

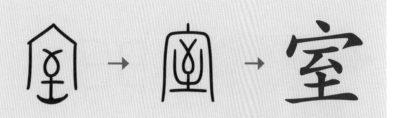

사람이 나갔다가 어두워지면 항상 돌아오는 집의 모양에서 '집, 방'이라는 뜻을 나타냅니다.

훈 **집** 음 **실**
(부수 宀, 총 9획)

집 실

집 실

집 실

생활 속 한자

- 실(室)내에서는 외투를 벗으세요.
- 실(室)내화를 신으면 구두를 신는 것보다 소리가 덜 납니다.

문 문

뜻은 문이고, 문이라고 읽어요.

오른쪽, 왼쪽 두 개의 문짝의 모양으로 '문'이라는 뜻을 나타냅니다.

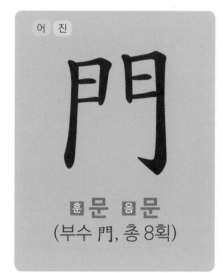

훈 문 음 문
(부수 門, 총 8획)

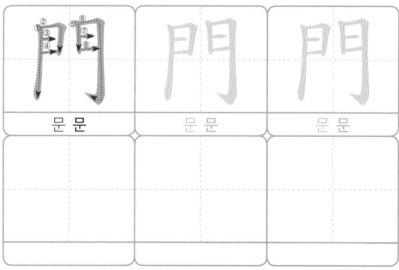

문 문 　 문 문 　 문 문

→ 흐린 색의 글씨를 따라 써보세요.

생활 속 한자

▪ 승강기 문(門)에 물건이나 옷이 끼지 않도록 합니다.
▪ 학교에서 가족시간에 대문(門)놀이를 하며 노래도 불렀어요.

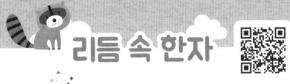
책상에서 셈 공부하는 모습

배울 학

나무 그늘 아래서 사귀는 모습

학교 교

발걸음이 남들보다 앞서 가는 모습

먼저 선

땅에서 자라나는 새싹

날 생

셈 공부하는 아이를 가르치는 선생님

가르칠 교

사람이 나갔다가 돌아오는 집

집 실

오른쪽, 왼쪽 문짝 두 개

문 문

솜사탕 차지하기!

1 10원짜리 동전 1개를 준비한다.

2 가위 바위 보를 하여 이긴 사람이 시작점에서 10원짜리 동전을 튕긴다.

3 도착한 칸에 해당하는 한자의 '훈(뜻), 음(소리)'를 맞추게 되면 해당칸에 표시를 한다.

4 상대방이 차지한 칸에 도착한 칸에 도착하여 한자를 맞추면 솜사탕을 뺏을 수 있다.

5 마지막에 차지한 한자가 있는 솜사탕에서 다시 튕긴다.

6 솜사탕을 많이 차지한 학생이 이긴다.

1 아래 그림과 관련 있는 한자를 연결하세요.

① ·   · 校

② ·   · 教

③ ·   · 室

④   · 學

2 아래 한자의 훈이 맞는 것에 ○를 하세요.

① 學 (배우다, 가르치다)

② 先 (먼저, 태어나다)

③ 門 (학교, 문)

3 아래의 훈과 음에 알맞은 한자를 빈칸에 쓰세요.

① 학교 교 [　　]   ② 날 생 [　　]

③ 가르칠 교 [　　]   ④ 집 실 [　　]

실전 속 한자 _{어문회}

1 다음 글의 ( ) 안에 있는 漢字_{한자}의 讀音(독음:읽는 소리)을 쓰세요.

> 보기 (音) → 음

(1) 2(學) ☐

(2) (年)이 됩니다. ☐

(3) (校) ☐

(4) (室)에 새로운 친구가 전학을 왔습니다.
☐

2 다음 밑줄 친 말에 해당하는 漢子_{한자}를 〈보기〉에서 찾아 그 번호를 쓰세요.

> 보기
> ① 生   ② 室   ③ 先   ④ 學
> ⑤ 敎   ⑥ 校   ⑦ 門

(1) 오늘 아침에는 형보다 내가 <u>먼저</u> 일어났습니다. ☐

(2) 나는 7월에 <u>태어났습니다</u>. ☐

(3) 아침에 일어나면 우리 집 <u>문</u> 앞에 우유가 배달되어 있습니다. ☐

(4) 이모가 나에게 피아노 치는 방법을 <u>가르쳐</u> 주십니다. ☐

3 다음 漢字_{한자}의 훈(訓:뜻)을 〈보기〉에서 찾아 그 번호를 쓰세요.

> 보기
> ① 生   ② 室   ③ 先   ④ 學
> ⑤ 敎   ⑥ 校   ⑦ 門

(1) 집 ☐

(2) 배우다 ☐

(3) 학교 ☐

(4) 먼저 ☐

4 다음 漢字_{한자}의 진하게 표시한 획은 몇 번째 쓰는지 〈보기〉에서 찾아 그 번호를 쓰세요.

> 보기
> ① 첫 번째   ② 두 번째   ③ 세 번째
> ④ 네 번째   ⑤ 다섯 번째   ⑥ 여섯 번째
> ⑦ 일곱 번째   ⑧ 여덟 번째   ⑨ 아홉 번째
> ⑩ 열 번째   ⑪ 열 한번째   ⑫ 열 두번째

(1) 生 ☐

(2) 室 ☐

실전 속 한자

1 다음 ≪　≫안의 뜻에 맞는 한자를 골라 번호를 쓰시오.

(1) ≪가르치다≫ ☐

　　① 敎　② 校　③ 先　④ 門

(2) ≪집≫ ☐

　　① 校　② 室　③ 生　④ 學

(3) ≪학교≫ ☐

　　① 先　② 生　③ 敎　④ 校

(4) ≪배우다≫ ☐

　　① 校　② 門　③ 學　④ 敎

2 다음 문장 중에 쓰인 한자를 바르게 읽은 것을 골라 번호를 쓰시오.

(1) 학生 들은 선생님께 인사를 하였습니다. ☐

　　① 교　② 선　③ 생　④ 원

(2) 先배님들이 스승의 날에 학교를 찾아왔습니다. ☐

　　① 선　② 후　③ 교　④ 생

(3) 교실 門에 노란 손수건이 묶여 있습니다. ☐

　　① 문　② 창　③ 선　④ 후

3 아래 한자의 훈(뜻)과 음(소리)을 〈보기〉와 같이 쓰시오.

> 보기　一 (한 일)

(1) 生 ☐

(2) 敎 ☐

(3) 門 ☐

(4) 室 ☐

4 다음 한자어의 독음(소리)을 〈보기〉와 같이 쓰시오.

> 보기　一日 (일일)

(1) 學校 ☐

(2) 敎室 ☐

(3) 校門 ☐

(4) 先生 ☐

축구장에 놀러 온 토팡이와 승빈이!

승빈이의 삼촌은 '올해의 축구 왕(王)'이에요. 승빈이의 삼촌은 곧 군(軍)대에 가요. 오늘 경기는 대한(韓)민(民)국(國)과 중국의 경기였어요.

승빈이는 토팡이도 데리고 왔어요. 승빈이는 이 년(年) 동안 다섯 번 축구경기장에 왔지만 올 때마다 늘 신나요. 사람들이 응원하기 시작하자 승빈이와 토팡이도 함께 응원했어요. "대한민국!" 열심히 응원을 하고 있지만, 2 : 2 양팀이 비기고 있었어요. 이때 토팡이가 "내가 가서 도와야겠어."라며 경기장으로 달려갔어요.

승빈이가 토팡이를 말릴 새도 없이 토팡이는 아주 빠른 속도로 경기장 안으로 들어갔어요. 토팡이가 들어가더니 어느 순간에 중국 선수의 공을 가져와 골대로 몰아갔어요.

토팡이가 결국 골을 넣고 축구장의 모든 사람들이 모두 놀랐어요.

이때 토팡이가 승빈이를 불렀어요.

"승빈아! 너 삼촌 응원해야지~ 지금 졸고 있으면 어떡해~"

승빈이는 깜짝 놀라 토팡이를 쳐다봤어요.

"너 아까 골 넣더니 언제 올라 온 거야?"

토팡이는 승빈이의 말에 깜짝 놀라 쳐다봤어요.

토팡이의 골 세리머니는 승빈이만 알고 있겠죠.

 한자 예고편 · 그림 속에 숨어있는 한자들을 찾아보세요.

| 韓 나라 (한) | 國 나라 (국) | 王 임금 (왕) |
| 民 백성 (민) | 年 해 (년/연) | 軍 군사 (군) |

나라 한

뜻은 **나라**이고, **한**이라고 읽어요.

아침에 해가 떠오르면 갑옷을 입고 나라의 경계를 지키는 군사의 모습으로 '나라'라는 뜻을 나타냅니다.

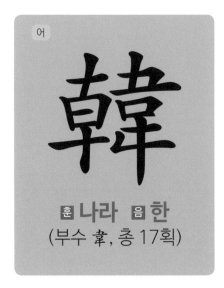

어

韓

훈 **나라** 음 **한**
(부수 韋, 총 17획)

나라 한	나라 한	나라 한

→ 흐린 색의 글씨를 따라 써보세요.

생활 속 한자

- 중국 상하이에는 일제시대 대한(韓)민국 임시 정부였던 건물이 있습니다.
- 나는 설날에 한(韓)복을 입고 할머니께 세배를 했습니다.

나라 국

뜻은 **나라**이고, **국**이라고 읽어요.

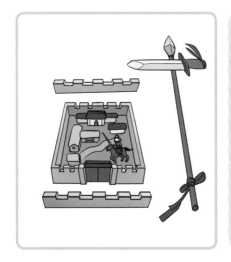

나라 안에 사는 사람들이 창을 들고 땅을 지키기 위해 나라의 경계를 둘러쌓아 놓은 모양으로 '나라'라는 뜻을 나타냅니다.

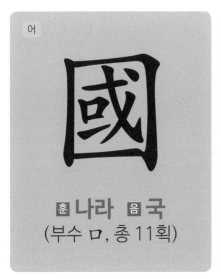

훈 **나라** 음 **국**
(부수 口, 총 11획)

나라 국 | 나라 국 | 나라 국

생활 속 한자

- 국(國)가를 표현할 때에는 '저희 나라'라고 하지 않고, '우리나라'라고 합니다.
- 어머니께서 서점에서 국(國)어 사전을 사주셨습니다.

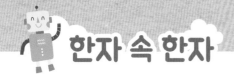
임금 왕

뜻은 임금이고, 왕이라고 읽어요.

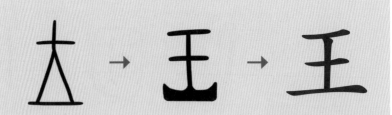

하늘, 땅, 사람을 다스리는 임금의 모습으로 '임금, 왕'이라는 뜻을 나타냅니다.

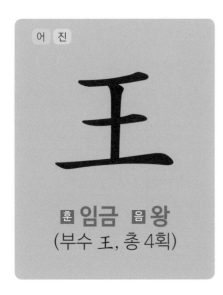

어 진

王

훈 **임금** 음 **왕**
(부수 王, 총 4획)

임금 왕　　임금 왕　　임금 왕

→ 흐린 색의 글씨를 따라 써보세요.

생활 속 한자

- 세종대왕(王)이 백성을 사랑하는 마음으로 한글을 만들었습니다.
- 소년은 나뭇잎으로 왕(王)관을 만들어 쓰고 숲 속의 왕(王) 노릇을 하였습니다.

백성 민

뜻은 백성이고, 민이라고 읽어요.

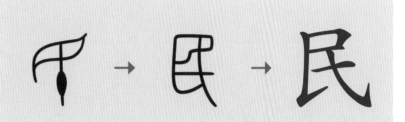

전쟁에서 잡힌 포로의 한 쪽 눈에 상처를 입힌 모습으로 '백성'이라는 뜻을 나타냅니다.

(훈)백성 (음)민
(부수 氏, 총 5획)

백성 민　백성 민　백성 민

생활 속 한자

- 씨름은 우리 민(民)족이 예로부터 해 온 전통놀이입니다.
- 인조는 한양을 지키지 못해 민(民)심을 잃었습니다.

해 년(연)

뜻은 한 해이고, 년(연)이라고 읽어요.

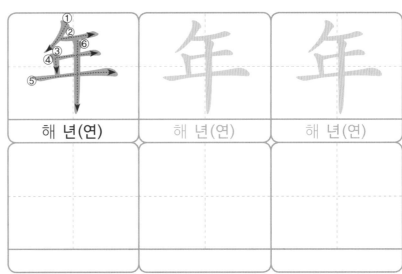

농부가 소를 끌고 밭을 왔다갔다 하며 농사를 짓는 모습으로 '해'라는 뜻을 나타냅니다.

어

年

훈 해 음 년(연)
(부수 干, 총 6획)

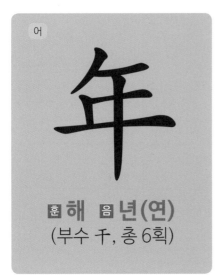

해 년(연)　　해 년(연)　　해 년(연)

➔ 흐린 색의 글씨를 따라 써보세요.

생활 속 한자

■ 엄마는 벌써 삼년(年)동안 바이올린을 배우고 계십니다.

■ 올해는 풍년(年)이 들었습니다.

군사 군

뜻은 **군사**이고, **군**이라고 읽어요.

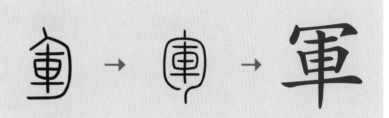

수레를 풀이나 나뭇가지로 덮어 위장하여 전쟁하는 군인의 모습으로 '군사'라는 뜻을 나타냅니다.

어

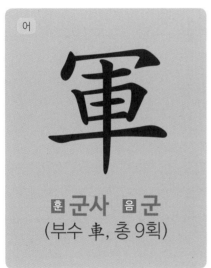

훈 **군사** 음 **군**
(부수 車, 총 9획)

군사 군	군사 군	군사 군

생활 속 한자

- 예빈이는 군(軍)인 아저씨께 위문편지를 썼습니다.
- 대학생인 우리 삼촌은 내일 군(軍)대에 갑니다.

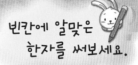
빈칸에 알맞은
한자를 써보세요.

아침부터 갑옷 입고 나라 지키는 모습
나라 한

창 들고 둘러서서 나라 지키는 모습
나라 국

하늘, 땅, 사람 다스리는 임금
임금 왕

한 쪽 눈 다친 전쟁의 포로
백성 민

소를 끌고 농사 짓는 모습
해 년(연)

나무, 풀로 수레 숨기고 전쟁하는 군사
군사 군

게임 속 한자

대한민국 말판놀이!

1 모둠을 정해서 모둠원들은 가위 바위 보를 하여 순서를 정한다.

2 동전을 던져 앞면이 나오면 3칸, 뒷면이 나오면 2칸 이동한다.
(동전을 던지다 책상 아래로 떨어질 경우, 앞, 뒤 상관 없이 1칸을 이동할 수 있다.)

3 도착한 칸에 해당하는 활동을 한다.

4 맞으면 전진할 수 있지만, 틀리면 이전 칸으로 돌아간다.

5 먼저 끝에 도착하는 학생이 이긴다.

　　📢 : 자원을 보고 관련되는 한자 말하기

　　📖 : 한자를 보고 훈(뜻)과 음(소리)을 말하기

　　✏️ : 해당 한자를 쓰기

1 밑줄 친 말에 해당하는 한자를 〈보기〉에서 찾아 그 번호를 쓰세요.

> 보기 ① 年   ② 國   ③ 民   ④ 軍   ⑤ 王

(1) 우리나라 좋은 <u>나라</u> [　]

(2) 우리 <u>임금</u>님은 [　]

(3) <u>백성</u>을 정말 사랑하십니다. [　]

(4) 올 <u>해</u>도 풍년이라서 모두들 기뻐합니다. [　]

(5) <u>군인</u> 아저씨께서는 우리나라를 지켜 주십니다. [　]

2 토팡이의 일기를 읽고 한자가 나오는 부분에 한자의 음(독음)을 쓰세요.

오늘 승빈이랑 축구장에 가서 "大韓民國!"하며 응원을 했다. 아이스크림도 먹고 치킨도 먹었다. 경기도 보고 맛있는 음식도 먹고 정말 행복했다. 승빈이 꿈속에서는 내가 올해의 축구 王이 되었다고 한다. 이유는 나도 잘 모르겠다. 경기장에 또 갔으면 좋겠다.

(1) 大韓民國 [　]

(2) 王 [　]

3 아래의 빈칸에 뜻과 음이 맞는 한자를 쓰세요.

① 임금 왕 [　]   ② 백성 민 [　]

③ 해 년 [　]   ④ 군사 군 [　]

실전 속 한자 어문회

1 다음 글의 ( ) 안에 있는 漢字한자의 讀音(독음:읽는 소리)을 쓰세요.

> 보기 (音) → 음

(1) 작(年)에는 ☐

(2) 대한민(國)의 겨울철 날씨가 매우 추웠습니다. ☐

(3) 우리나라 국(民)민들은 부지런하다고 합니다. ☐

(4) 세종대(王)은 훌륭한 임금이셨습니다. ☐

2 다음 漢字한자의 음(音:소리)를 〈보기〉에서 찾아 그 번호를 쓰세요.

> 보기 ① 軍 ② 民 ③ 年 ④ 國 ⑤ 韓

(1) 한 ☐

(2) 군 ☐

(3) 국 ☐

(4) 민 ☐

3 다음 漢字한자의 훈(訓:뜻)을 〈보기〉에서 찾아 그 번호를 쓰세요.

> 보기 ① 韓 ② 民 ③ 國 ④ 王 ⑤ 年 ⑥ 軍

(1) 임금 ☐

(2) 해 ☐

(3) 군사 ☐

(4) 백성 ☐

4 다음 漢字한자의 진하게 표시한 획은 몇 번째 쓰는지 〈보기〉에서 찾아 그 번호를 쓰세요.

> 보기 ① 첫 번째 ② 두 번째 ③ 세 번째 ④ 네 번째 ⑤ 다섯 번째 ⑥ 여섯 번째 ⑦ 일곱 번째 ⑧ 여덟 번째 ⑨ 아홉 번째 ⑩ 열 번째 ⑪ 열 한번째 ⑫ 열 두번째

(1) 韓 ☐

(2) 民 ☐

1 다음 ≪ ≫안의 뜻에 맞는 한자를 골라 번호를 쓰시오.

(1) ≪백성≫ ☐

　①民　　②國　　③韓　　④軍

(2) ≪임금≫ ☐

　①人　　②民　　③軍　　④王

(3) ≪나라≫ ☐

　①韓　　②民　　③軍　　④大

(4) ≪군사≫ ☐

　①人　　②軍　　③民　　④國

2 다음 문장 중에 쓰인 한자를 바르게 읽은 것을 골라 번호를 쓰시오.

(1) 10월 1일은 나라를 지키는 軍인의 날입니다. ☐

　①국　　②군　　③민　　④인

(2) 우리는 응원할 때, "대韓민국~"이라고 외쳤습니다. ☐

　①한　　②미　　③일　　④영

(3) 年말이 되자 길거리에 아름다운 음악소리가 울려 퍼집니다. ☐

　①주　　②월　　③년　　④왕

(4) 이번 주 토요일에 우리 아파트의 주民 복지센터에서 바자회가 열립니다. ☐

　①주　　②민　　③왕　　④국

3 아래 한자의 훈(뜻)과 음(소리)을 〈보기〉와 같이 쓰시오.

> 보기　一 (한 일)

(1) 國 ☐

(2) 王 ☐

(3) 軍 ☐

(4) 韓 ☐

4 다음 한자어의 독음(소리)을 〈보기〉와 같이 쓰시오.

> 보기　一 日 (일일)

(1) 韓國 ☐

(2) 國軍 ☐

(3) 王國 ☐

(4) 國民 ☐

부록

문제 속 한자

1과

1. (1) 七 (2) 六 (3) 四 (4) 五 (5) 九
2. (1) 五 (2) 七 (3) 八 (4) 六 (5) 九
3. (1) 四 (2) 九 (3) 十 (4) 萬

2과

1. (1) 父 (2) 弟 (3) 母 (4) 兄
2. (1) ③ (2) ⑤ (3) ④
3. (1) ④ (2) ① (3) ③ (4) ②

3과

1. (1) 水 (2) 木 (3) 金 (4) 土 (5) 日
   (6) 火 (7) 月
2. (1) ③ (2) ④ (3) ⑦ (4) ⑤
3. (1) 月 (2) 水 (3) 金 (4) 火

4과

1. (1) 靑 (2) 白 (3) 大 (4) 小
2. (1) ③ (2) ① (3) ⑤ (4) ② (5) ⑥
3. (1) 길다 (2) 희다 (3) 작다 (4) 푸르다

5과

1. (1) 上 (2) 下
2. (1) 서녘 서 (2) 남녘 남 (3) 동녘 동 (4) 북녘 북
3. (1) 中 (2) 外 (3) 上

6과

1. (1) 學 (2) 校 (3) 敎 (4) 室
2. (1) 배우다 (2) 먼저 (3) 문
3. (1) 校 (2) 生 (3) 敎 (4) 室

7과

1. (1) ② (2) ⑤ (3) ③ (4) ① (5) ④
2. (1) 대한민국 (2) 왕
3. (1) 王 (2) 民 (3) 年 (4) 軍

실력 속 한자

1과

어문회

1. (1) 삼 (2) 이 (3) 일 (4) 칠
2. (1) ③ (2) ⑦ (3) ⑤ (4) ⑧
3. (1) ⑦ (2) ⑧ (3) ③ (4) ⑥
4. (1) ⑩ (2) ④

진흥회

1. (1) ① (2) ② (3) ③ (4) ③
2. (1) ① (2) ① (3) ③ (4) ④
3. (1) 석 삼 (2) 넉 사 (3) 일곱 칠 (4) 여덟 팔
4. (1) 십삼 (2) 이만 (3) 육십 (4) 팔만

2과

어문회

1. (1) ② (2) ① (3) ③ (4) ⑥
2. (1) ④ (2) ⑦ (3) ⑧ (4) ⑥
3. (1) ① (2) ⑧ (3) ⑤ (4) ③
4. (1) ⑦ (2) ④

진흥회

1. (1) ① (2) ④ (3) ④ (4) ②
2. (1) ① (2) ④ (3) ②
3. (1) 아우 제 (2) 입 구 (3) 사람 인 (4) 아비 부
4. (1) 부모 (2) 형제 (3) 자녀 (4) 여자

3과

어문회

1. (1) 월 (2) 산 (3) 토 (4) 금
2. (1) ③ (2) ① (3) ⑥ (4) ②
3. (1) ④ (2) ⑤ (3) ② (4) ⑦
4. (1) ⑥ (2) ③

진흥회

1. (1) ② (2) ③ (3) ④ (4) ①
2. (1) ② (2) ② (3) ① (4) ④
3. (1) 쇠 금 (2) 메/산 산 (3) 물 수 (4) 나무 목
4. (1) 토목 (2) 화목 (3) 산수 (4) 화산

4과

어문회

1. (1) ⑥ (2) ③ (3) ④ (4) ①
2. (1) ① (2) ③ (3) ⑥ (4) ⑤
3. (1) ④ (2) ② (3) ⑤ (4) ⑥
4. (1) ③ (2) ⑦

진흥회

1. (1) ④ (2) ② (3) ④ (4) ②
2. (1) ④ (2) ① (3) ③ (4) ②
3. (1) 작을 소 (2) 흰 백 (3) 큰 대 (4) 마디 촌
4. (1) ② (2) ① (3) ③ (4) ⑥

5과

어문회

1. (1) 남 (2) 북 (3) 중 (4) 서
2. (1) ⑦ (2) ⑥ (3) ④ (4) ②
3. (1) ④ (2) ② (3) ③ (4) ⑤
4. (1) ⑤ (2) ②

진흥회

1. (1) ④ (2) ② (3) ① (4) ③
2. (1) ② (2) ④ (3) ③ (4) ①
3. (1) 북녘 북 (2) 바깥 외 (3) 아래 하 (4) 남녘 남
4. (1) 동서 (2) 남북 (3) 상하 (4) 동북

6과

어문회

1. (1) 학 (2) 년 (3) 교 (4) 실
2. (1) ③ (2) ① (3) ⑦ (4) ⑤
3. (1) ② (2) ④ (3) ⑥ (4) ③
4. (1) ④ (2) ⑥

진흥회

1. (1) ① (2) ② (3) ④ (4) ③
2. (1) ③ (2) ① (3) ①
3. (1) 날 생 (2) 가르칠 교 (3) 문 문 (4) 집 실
4. (1) 학교 (2) 교실 (3) 교문 (4) 선생

7과

어문회

1. (1) 년 (2) 국 (3) 민 (4) 왕
2. (1) ⑤ (2) ① (3) ④ (4) ②
3. (1) ④ (2) ⑤ (3) ⑥ (4) ②
4. (1) ⑫ (2) ③

진흥회

1. (1) ① (2) ④ (3) ① (4) ②
2. (1) ② (2) ① (3) ③ (4) ②
3. (1) 나라 국 (2) 임금 왕 (3) 군사 군 (4) 나라 한
4. (1) 한국 (2) 국군 (3) 왕국 (4) 국민

실전 모의고사

어문회 실전 모의고사
1회

1. 부
2. 모
3. 월
4. 일
5. 학
6. 교
7. 교
8. 실
9. 선
10. 생
11. ⑩
12. ①
13. ⑥
14. ②
15. ③
16. ④
17. ⑧
18. ⑨
19. ⑤
20. ⑦
21. ⑤
22. ⑦
23. ⑥
24. ①
25. ②
26. ⑧
27. ③
28. ⑨
29. ⑩
30. ④
31. 큰 대
32. 여섯 육
33. 흰 백
34. 서녘 서
35. 물 수
36. 두 이
37. 길/어른 장
38. 흙 토
39. 여덟 팔

40. 날 일
41. ②
42. ③
43. ④
44. ①
45. ②
46. ①
47. ④
48. ③
49. ⑤
50. ⑩

어문회 실전 모의고사
2회

1. 제
2 형
3. 외
4. 삼
5. 촌
6. 일
7. 년
8. 중
9. 학
10. 생
11. ⑩
12. ④
13. ⑥
14. ⑤
15. ①
16. ⑨
17. ②
18. ③
19. ⑦
20. ⑧
21. ①
22. ②
23. ⑦
24. ③
25. ⑧
26. ④

27. ⑤
28. ⑥
29. ⑩
30. ⑨
31. 열 십
32. 해 년(연)
33. 아우 제
34. 아홉 구
35. 일만 만
36. 석 삼
37. 어미 모
38. 아비 부
39. 길 장
40. 물 수
41. ③
42. ④
43. ②
44. ①
45. ③
46. ①
47. ②
48. ④
49. ④
50. ⑨

진흥회 실전 모의고사
1회

1. ②
2. ④
3. ①
4. ②
5. ①
6. ③
7. ④
8. ③
9. ①
10. ③
11. ③
12. ①
13. ①

14. ②
15. ①
16. ①
17. ④
18. ④
19. ⑥
20. ⑤
21. ④
22. ⑨
23. ⑧
24. ②
25. ③
26. ⑦
27. ①
28. ④
29. ①
30. ③
31. 열 십
32. 불 화
33. 흙 토
34. 다섯 오
35. 나무 목
36. 아래 하
37. 임금 왕
38. 입 구
39. 메/산 산
40. 어미 모
41. 구월
42. 모녀
43. 산중
44. 인구
45. 의견
46. 식물
47. 선생
48. 친구
49. 생활
50. 공부

한자 쓰기

- 어문회 한자 쓰기
- 진흥회 한자 쓰기
- 진흥회 한자어 쓰기

一
한 일

一
한 일

二
두 이

二
두 이

三
석 삼

三
석 삼

四
넉 사

四
넉 사

五
다섯 오

五
다섯 오

六
여섯 륙(육)

六
여섯 륙(육)

七
일곱 칠

七
일곱 칠

八
여덟 팔

八
여덟 팔

九
아홉 구

九
아홉 구

十
열 십

十
열 십

萬	萬			
일만 만	일만 만			

父	父			
아비 부	아비 부			

母	母			
어미 모	어미 모			

女	女			
여자 녀(여)	여자 녀(여)			

兄	兄			
형 형	형 형			

弟
아우 제

弟
아우 제

人
사람 인

人
사람 인

月
달 월

月
달 월

火
불 화

火
불 화

水
물 수

水
물 수

木
나무 목

木
나무 목

金
쇠 금(성 김)

金
쇠 금(성 김)

土
흙 토

土
흙 토

日
날/해 일

日
날/해 일

山
메/산 산

山
메/산 산

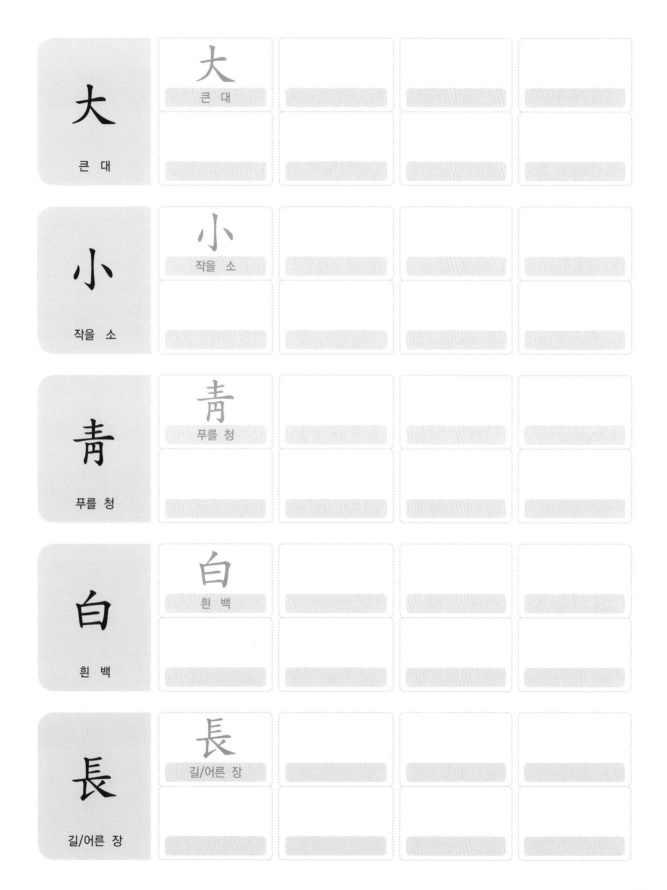

寸
마디 촌

寸
마디 촌

中
가운데 중

中
가운데 중

東
동녘 동

東
동녘 동

西
서녘 서

西
서녘 서

南
남녘 남

南
남녘 남

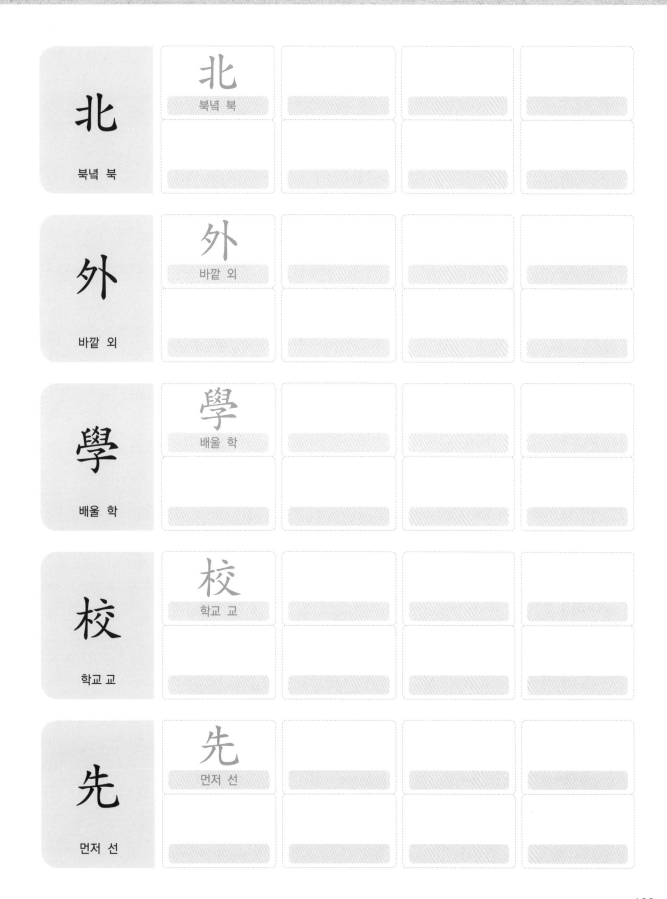

北 북녘 북

北 북녘 북

外 바깥 외

外 바깥 외

學 배울 학

學 배울 학

校 학교 교

校 학교 교

先 먼저 선

先 먼저 선

生 날 생	生 날 생			
教 가르칠 교	教 가르칠 교			
室 집 실	室 집 실			
門 문 문	門 문 문			
韓 나라 한	韓 나라 한			

| 國 | 國 나라 국 | | | |
| 나라 국 | | | | |

| 民 | 民 백성 민 | | | |
| 백성 민 | | | | |

| 軍 | 軍 군사 군 | | | |
| 군사 군 | | | | |

| 年 | 年 해 년(연) | | | |
| 해 년(연) | | | | |

| 王 | 王 임금 왕 | | | |
| 임금 왕 | | | | |

一	一			
한 일	한 일			

二	二			
두 이	두 이			

三	三			
석 삼	석 삼			

四	四			
넉 사	넉 사			

五	五			
다섯 오	다섯 오			

六	六			
여섯 륙(육)	여섯 륙(육)			

七 일곱 칠	七 일곱 칠			
八 여덟 팔	八 여덟 팔			
九 아홉 구	九 아홉 구			
十 열 십	十 열 십			
父 아비 부	父 아비 부			
母 어미 모	母 어미 모			

子	子			
아들 자	아들 자			
女	女			
여자 녀(여)	여자 녀(여)			
人	人			
사람 인	사람 인			
口	口			
입 구	입 구			
月	月			
달 월	달 월			
火	火			
불 화	불 화			

水 물 수	水 물 수			
木 나무 목	木 나무 목			
土 흙 토	土 흙 토			
日 날/해 일	日 날/해 일			
山 메/산 산	山 메/산 산			
上 위 상	上 위 상			

中 가운데 중	中 가운데 중			
下 아래 하	下 아래 하			
小 작을 소	小 작을 소			
白 흰 백	白 흰 백			
門 문 문	門 문 문			
王 임금 왕	王 임금 왕			

植物 (식물) : 온갖 나무와 풀들을 통틀어 이르는 말

動物 (동물) : 사람을 제외한 짐승들을 통틀어 이르는 말

人物 (인물) : 생김새나 됨됨이로 본 일정한/사람 상황에서 어떤 역할을 하는 사람

事物(사물) : 일과 물건을 아울러 이르는 말

學校 (학교) : 학생을 가르치는 교육 기관

生活 (생활) : 사람이나 동물이 일정한 환경에서 활동하며 살아감

先生 (선생) : 학생을 가르치는 사람

先生 선 생	先生 선 생			

親舊 (친구) : 가깝게 오래 사귄 사람

親舊 친 구	親舊 친 구			

工夫 (공부) : 학문이나 기술을 배우고 익힘

工夫 공 부	工夫 공 부			

內容 (내용) : 말이나 글 안에 담고 있는 것 / 속내를 이루는 것

內容 내 용	內容 내 용			

文章 (문장) : 생각 · 느낌 · 사상 등을 글로 표현한 것

文章 문 장	文章 문 장			

意見 (의견) : 어떤 대상에 대하여 가지는 생각

意見 의 견	意見 의 견			

注意 (주의) : 마음에 새겨 두고 조심함

注意 주 의	注意 주 의			

진흥회 8급 선정 한자

한자	훈	음	한자	훈	음
九	아홉	구	十	열	십
口	입	구	五	다섯	오
女	여자	녀(여)	王	임금	왕
六	여섯	륙(육)	月	달	월
母	어미	모	二	두	이
木	나무	목	人	사람	인
門	문	문	日	날(해)	일
白	흰	백	一	한	일
父	아비	부	子	아들	자
四	넉	사	中	가운데	중
山	메/산	산	七	일곱	칠
三	석	삼	土	흙	토
上	위	상	八	여덟	팔
小	작을	소	下	아래	하
水	물	수	火	불	화

진흥회 8급 교과서 한자어

공부	工夫
내용	内容
동물	動物
문장	文章
사물	事物
생활	生活
선생님	先生님
식물	植物
의견	意見
인물	人物
주의	注意
친구	親舊
학교	學校

一　二　三

四　五　六

七　八　九

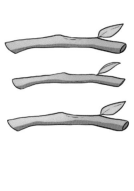 석 삼

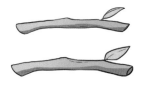 두 이

 한 일

 여섯 류/육

 다섯 오

 넉 사

 아홉 구

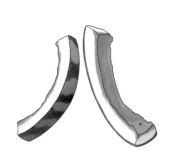 여덟 팔

 일곱 칠

十 萬 父

母 兄 弟

子 女 人

 아비 **부**

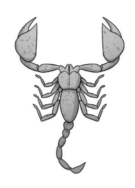 일만 **만**

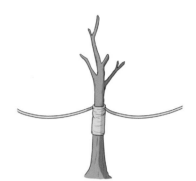 열 **십**

 아우 **제**

 형 **형**

 어미 **모**

 사람 **인**

 여자 **녀/여**

 아들 **자**

口	月	火
水	木	金
土	日	山

불 화

달 월

입 구

쇠 금 / 성 김

나무 목

물 수

메/산 산

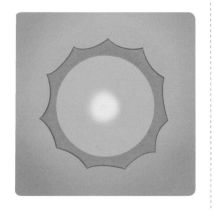

날/해 일

흙 토

大　小　長

寸　靑　白

上　中　下

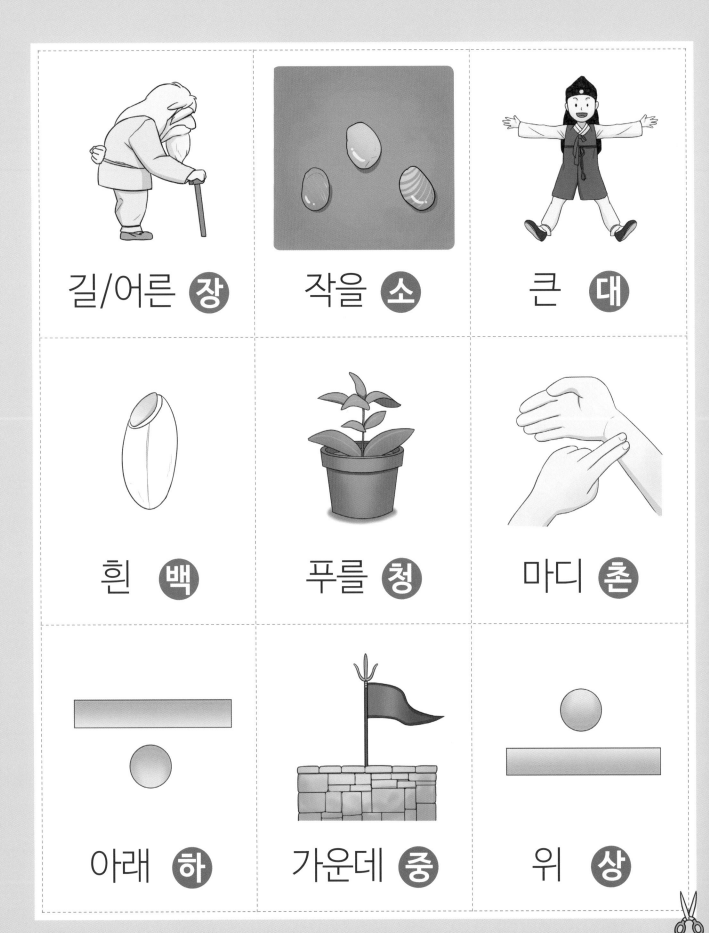

길/어른 장

작을 소

큰 대

흰 백

푸를 청

마디 촌

아래 하

가운데 중

위 상

外	東	西
南	北	學
校	先	生

서녘  서

동녘 동

바깥 외

배울 학

북녘 북

남녘 남

날 생

먼저 선

학교 교

教	室	門
韓	民	國
軍	年	王

문

집 실

가르칠

나라 국

백성 민

나라 한

임금 왕

해 년/연

군사 군